듣기 능력을 키워주는

째빼-른 탐-정님의 탐-정수업 2

김재리 · 최소영 지음

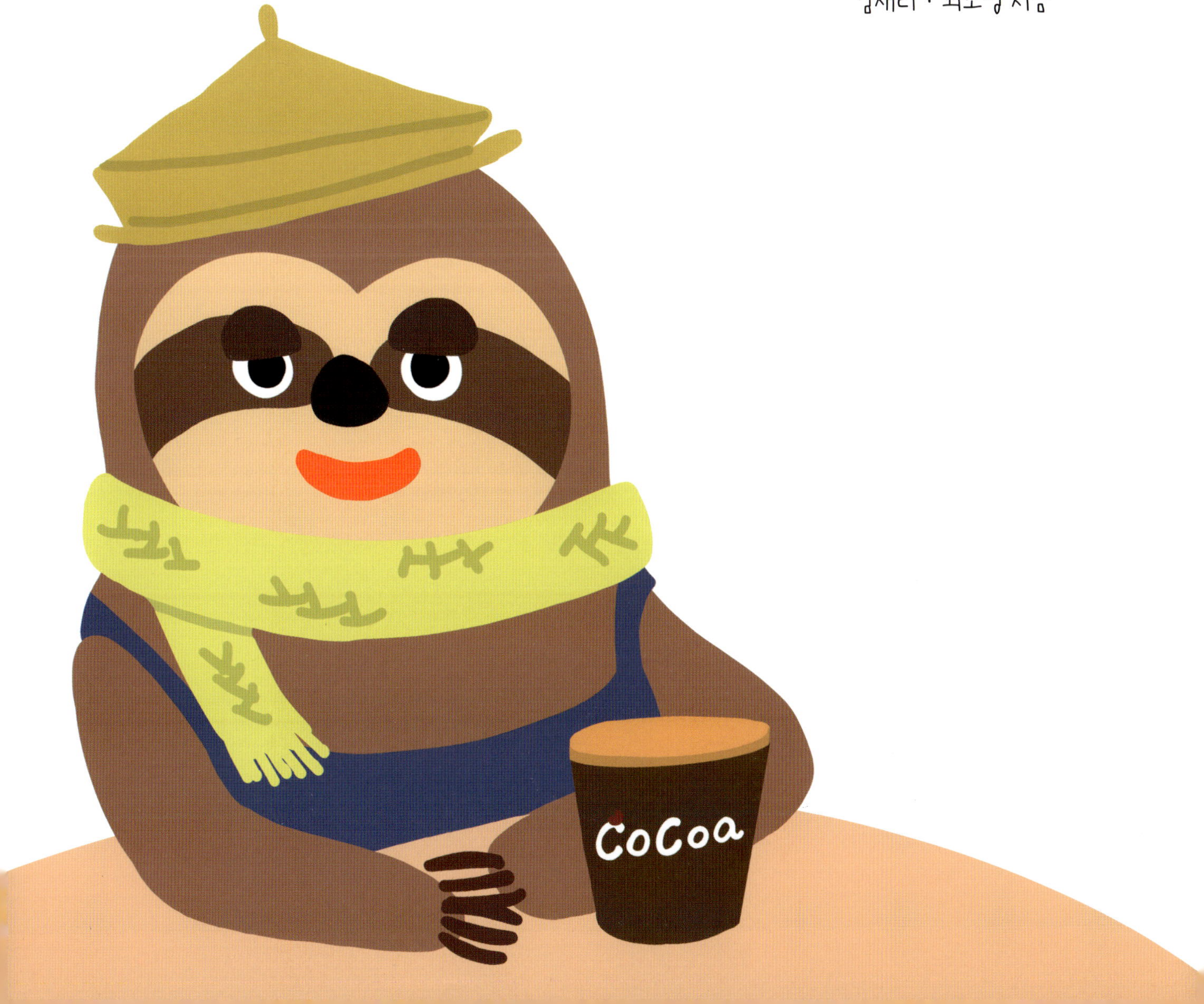

주인공 소개

이름: 재빠른   **직업:** 탐정

해결하지 못한 사건이 없다는 전설의 명탐정!
세상에서 자기가 제일 빠른 줄 아는 나무늘보.
마음만 먹으면 한 시간에 한 걸음의 속도로 달려갈 수 있으나
좀처럼 뛰지는 않는 느긋한 성격.
바람결에 스치는 방귀 냄새를 맡고
누구인지 알아챌 만큼 뛰어난 후각의 소유자.
사건이 없는 동안에는 나무에 매달려 잠을 자는 듯 보이지만
사실 눈을 감고 세상의 모든 소리를 듣는 중이라고 함.
사건을 해결했을 때의 보수는 업계 최고 수준인 나뭇잎 두 장.
그러나 좀처럼 깎아주는 일은 없다고…….
취미는 조수 훈련 시키기인데,
웬일인지 조수들이 금방 관두는 편.

재빠른 탐정님의 조수로서 사건을 해결하면서
탐정님처럼 듣기 능력을 키워보세요.
세계 최고의 탐정이 되는 그날까지, 파이팅!

자, 그럼 시작해볼까요?

재빠른 탐정님의 조수로 맹활약하던 어느 날,
탐정 협회에서 탐정을 뽑는다는 소식을 들었어요.

탐정 모집

우리 탐정 협회에서는
훌륭한 탐정을 모집하고 있습니다.

아무나 받아줄 수 없으므로
탐정으로 등록되길 원하는 분들은
재빠른 탐정님의 추천서를 받아오길 바랍니다.

- 탐정 협회장 나개코

지금 바로 재빠른 탐정님께 가보죠.

자네가 올 줄 알고
재빨리 물을 끓여두었으니 금방 될 걸세.

이제 코코아 가루를 …

조금 더운 건 기분 탓인가?
마음이 따뜻해서 그런가 보군.

자, 마시게나.
자넨 좋은 탐정이 될 걸세.

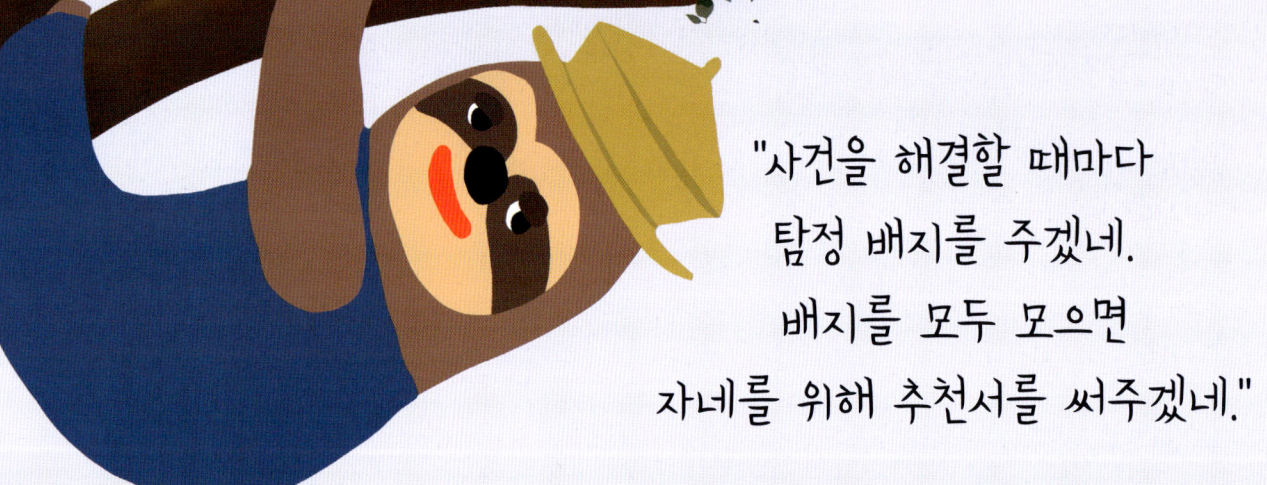

"사건을 해결할 때마다 탐정 배지를 주겠네. 배지를 모두 모으면 자네를 위해 추천서를 써주겠네."

탐정 배지를 모아라!

부록의 탐정 배지 스티커를 붙여주세요.

부록의 탐정 배지 스티커를 붙여주세요.

부록의 탐정 배지 스티커를 붙여주세요.

부록의 탐정 배지 스티커를 붙여주세요.

배지를 다 모아서 115쪽에 있는 탐정님의 추천서를 받으세요.

차례

사건 하나.
용왕님께 드릴 토끼 간이 없어졌어요. ⑫

사건 둘.
큰부리새의 부리가 엉망이 되었어요.
㊳

사건 셋.
모두가 잠든 밤에… ㉒

사건 넷.
사라진 친구를 찾아라! ⑩

사건 하나.
용왕님께 드릴
토끼 간이 없어졌어요.

따르릉! 따따르릉!!

아침부터 전화기가 바빠요.
탐정님이 전화를 받으러 오려면 너무 오래 걸릴 것 같아요.

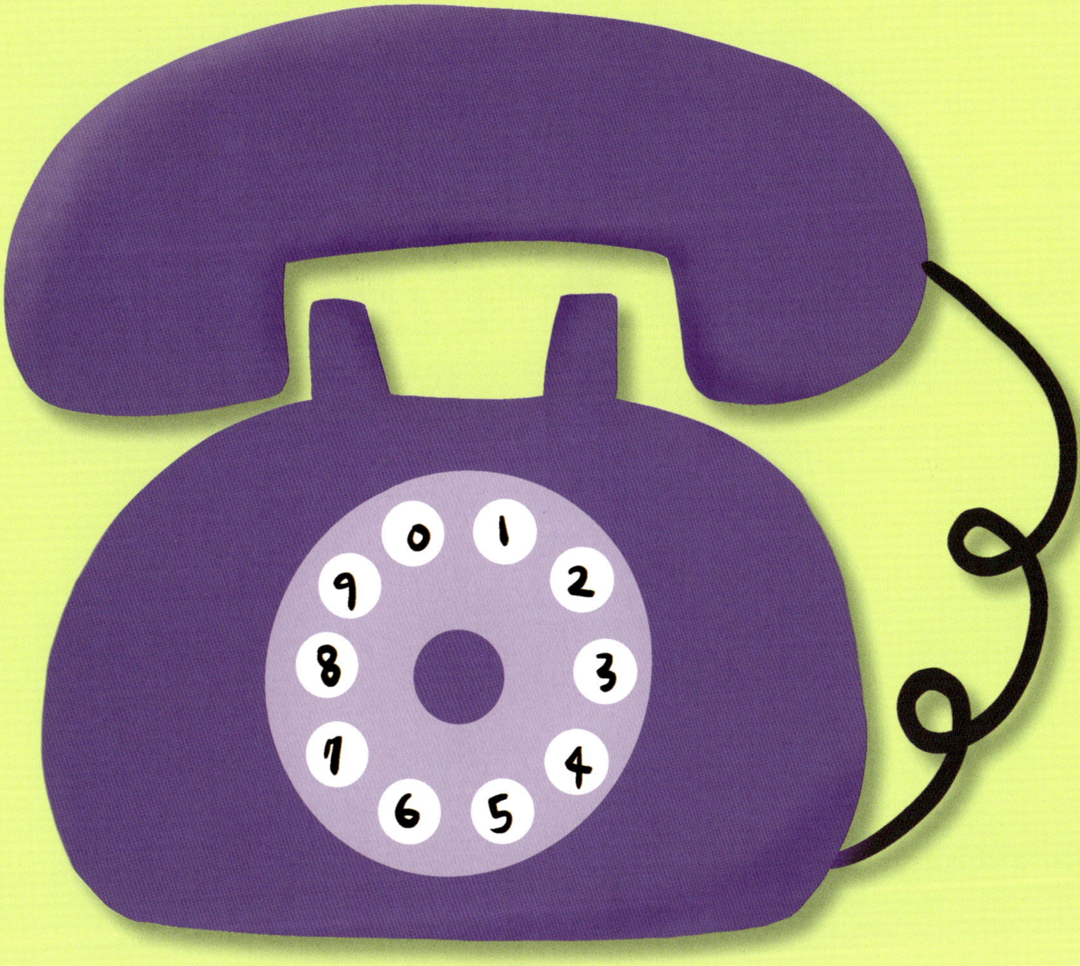

 잘 듣고 전화번호를 기억해주세요. 탐정님이 오시면 알려줍시다.

어? 거북이가 전화번호를 잘못 알려줬군요.
다시 한 번 듣고 적어주세요.

그런데 이번에는 거북이가 전화번호를 거꾸로 불러줬어요.

 전화번호를 잘 듣고, 이번에는 순서를 거꾸로 적어주세요.

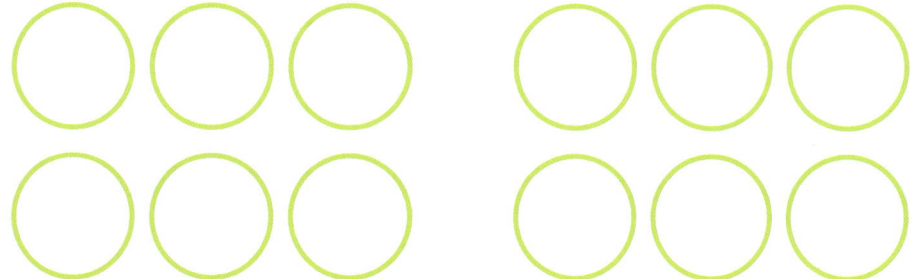

 고맙네! 덕분에 전화번호를 알아냈어.

도와주세요! 탐정님,
아주 중요한 게 없어져서 용궁이 난리가 났거든요.
당장 짐을 챙겨서
용궁으로 와주셔야 할 것 같아요.
얼른요!!

 탐정님이 짐 싸는 걸 도와드려야 해요. 그런데 가방 안에 물건이 너무 많네요.
잘 듣고 탐정님이 부르지 않는 물건에 X표시를 해서 빼주세요.

용궁으로 간 재빠른 탐정님은 거북이를 만났어요.

"아주 중요한 게 없어졌다구?"

"네. 용왕님의 병을 낫게 하려면 토끼 간이 있어야 하는데,
그게 없어져 버렸어요. 토끼 간을 가져가지 못하면
용왕님께서 큰 벌을 내리실 거예요. 어떡하죠?

"저런. 어떻게 된 일인지 자세히 말을 해보게."

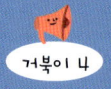

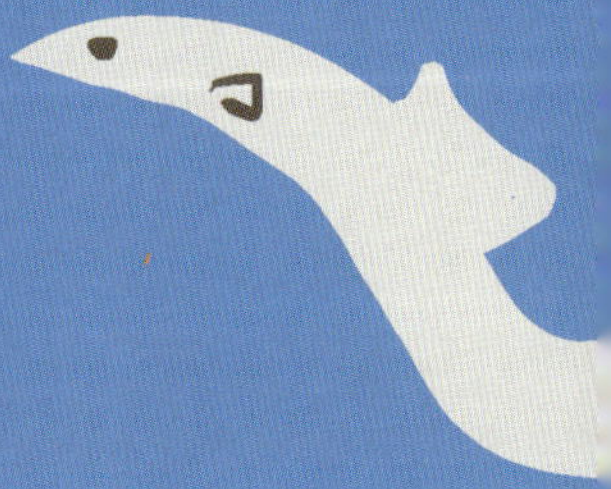

거북이 4 거북이의 얘기를 잘 듣고, 어떤 일이 있었는지 알아보세요.

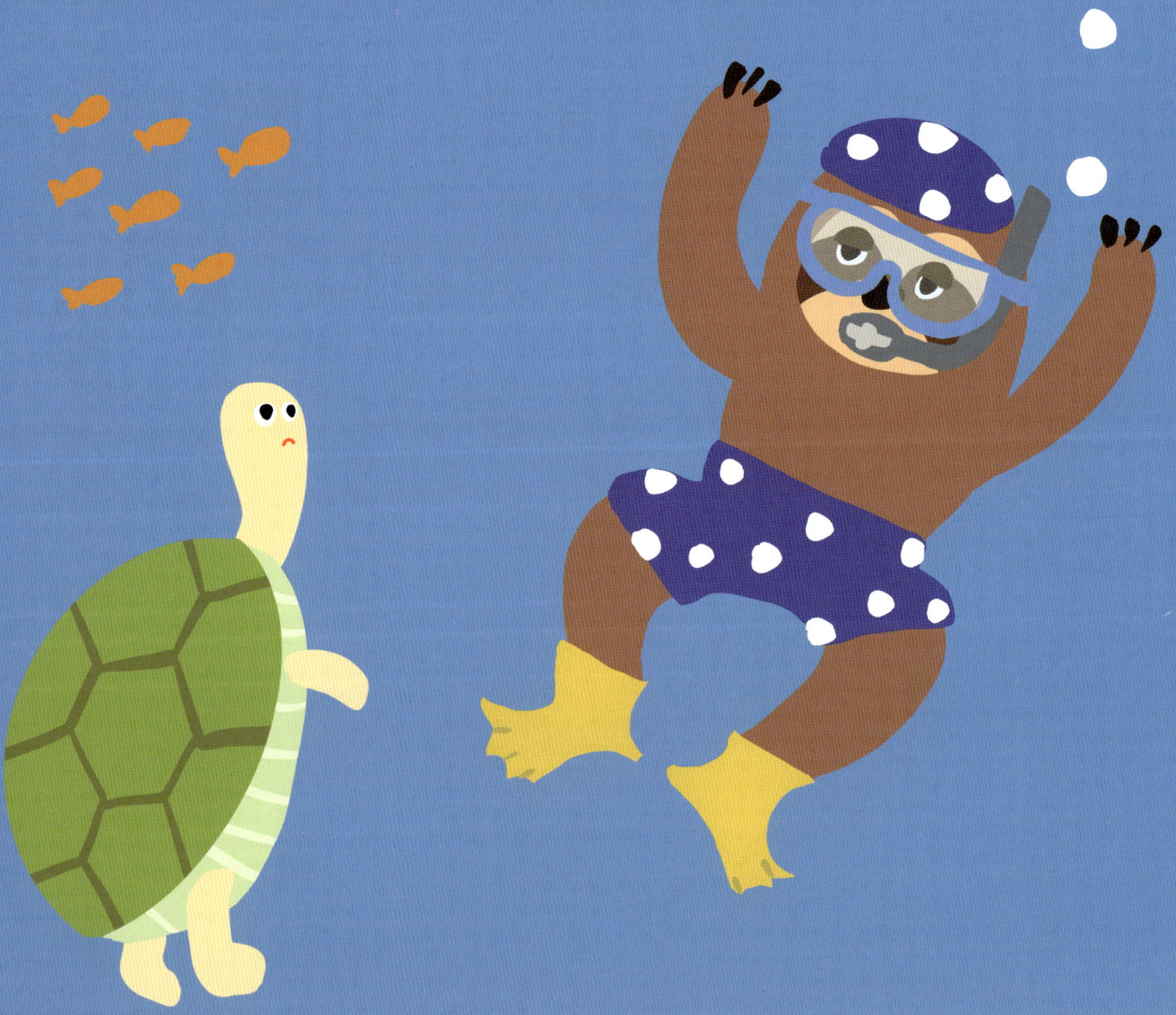

🔍 부록 117쪽의 그림을 오려 일이 일어난 순서대로 붙여보세요.
용왕님이 화를 낼 수도 있으니까 틀리지 않도록 조심하세요.

1	2
3	4
5	6

거북이가 가져온 토끼의 간이 왜 사라진 걸까요?
우선 거북이네 집부터 확인해 봐야겠어요.

거북이 5 거북이의 말을 잘 듣고 사건 현장을 색칠해서 완성해보세요.

이건 거북이네 집 사진이에요.
어? 그런데 바닷물에 사진 색이 다 지워져 버렸어요.

 출입금지 - POLICE LINE - 수사중  출입금지 - POLICE LINE - 수사중 - 출

거북이네 집에서는 이상한 점을 찾을 수가 없었어요.
그럼 이번에는 거북이가 만난 동물들과 얘기해봐야겠어요.
거북이가 누굴 만났는지 종이에 적어줬어요.
"앗, 글씨를 너무 못 써서 알아볼 수가 없군.
보이는 것부터 하나씩 불러보겠네. 자네가 받아적어 주게."

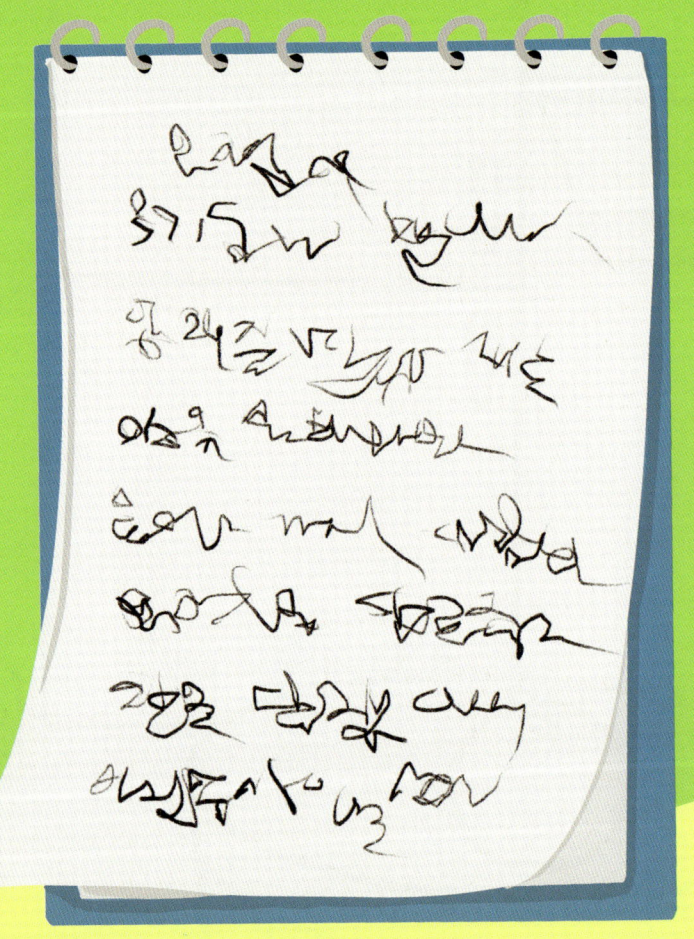

 탐정님의 말씀을 잘 듣고 적어보세요.

글자를 조합해서 동물 이름을 찾아보세요.
그리고 동그라미를 해서 동물들에게 전화를 걸어주세요.

이제 동물들의 이야기를 들어보고 이상한 점이 없는지 살펴볼 거예요.
탐정님을 대신해서 동물들을 만나주세요.
동물들이 긴장해서 단어를 잘못 말하고 있어요.
네 번 이상 틀린다면 그 동물은 아주 유력한 용의자예요.

 동물들의 이야기를 듣고, 틀리게 말한 단어가 각각 몇 개인지 써보세요.

문어

갈치

조개

"이상한 일이군. 네 군데 이상 틀리게 말한 동물이 없어.
거북이한테 사건에 대해서 다시 한번 물어봐야겠어."

취조실

"거북이 씨, 그날 토끼와 있었던 일을 다시 한번 자세히 말씀해 주시죠."

거북이의 말을 잘 듣고 질문에 답해보세요.

거북이의 얘기까지 모두 들어봤지만 이상하네요.
누가 토끼 간을 훔쳐 갔는지 전혀 단서가 없어요.

"그런데 말이지. 토끼가 간이 없는데도 살 수가 있나?
토끼가 어떻게 몸속에서 간을 빼낸 거지?
아무래도 토끼를 다시 만나봐야겠어. 토끼네 굴로 가보세."

거북이 曰 토끼의 말을 잘 듣고, 토끼가 사는 굴이 어디인지 찾아주세요.

"덕분에 토끼네 집을 잘 찾았네.
이제 토끼 말을 들어볼 차례로군."

거북이 10 토끼의 이야기를 잘 듣고, 어떻게 된 일인지 요약해서 말해보세요.

취조실

재빠른 탐정님은 거북이를 찾아갔어요.

"네? 토끼가 절 속였다고 자백했다고요?
탐정님, 간을 받아냈어야죠!
토끼를 당장 체포해 오세요!"

"그런데 말이지,
거북이 자네는 분명 토끼한테
초록색 간을 받았다고 하지 않았나?
그래서 내가 잃어버린 간을 찾으러
여기까지 온 거고."

"그, 그게……,
실은 간을 못 가져왔다고 하면 용왕님이 화내실까 봐
저도 거짓말을 했어요.
죄송해요, 탐정님. 전 이제 어떻게 하죠?"

거북이는 눈물을 흘리며 고백했어요.

"걱정하지 말게.
내가 육지에서 제일 용한 의사 선생님을 소개해주지.
그분이라면 용왕님의 병을 고칠 수 있을 거야."

 먼저 탐정님이 불러주는 단어를 잘 듣고 아래에 적어보세요.

 탐정님 말씀을 잘 듣고 의사 선생님이 누군지 거북이에게 알려주세요.

거북이는 탐정님이 알려주신 의사 선생님을 만나기 위해
다시 한번 육지로 먼 길을 떠났답니다.

사건 일지를 완성해주세요. 범인은 누구였나요?

사 건 일 지

사건번호 : 20XX-001

사건명 : 토끼 간 분실 사건

범인은 **바**로 **너**!! (　　　　　)!!

범행을 저지른 이유는? _____

_____

무슨 벌을 줘야할까요? _____

_____

작성자 : 탐정 조수 _____

잘했어요! 첫 번째 사건을 멋지게 해결했네요!!

고슴도치 선생님은 정말 명의야.
지난 가을, 알밤을 까먹다가 발가락에 가시가 박혔는데
고슴도치 선생님이 정교한 수술로 가시를 빼주셨지.
덕분에 온몸에 고슴도치 선생님의 가시가 박혔지만 말이야.
허허허.

그건 그렇고 이번 사건도 도와줘서 고맙네.
자, 탐정 배지를 하나 주겠네.

재빠른 탐정사무소 참 좋아요

부록에 있는 탐정 배지 스티커를 10쪽에 붙여보세요.
탐정 배지를 모두 모아서 탐정님의 추천서를 받으세요.

오늘은 높은 곳으로 출장을 갈 거예요. 비행기를 타야 해요. 그런데 어쩌죠?
좌석 번호를 적어 놓은 메모가 찢어져서 뒤죽박죽이 됐어요.

큰부리새 1 뒤죽박죽된 좌석 번호를 잘 듣고 기억해서 비행기 표에 적어주세요.
글자를 먼저, 숫자를 나중에 적어야 해요.

이제 비행기를 타는 일만 남았군요.
몇 번 **탑승구**로 가야 할지 확인해서 탐정님한테 알려주세요.

큰부리새 2 이번에도 글자와 숫자를 잘 듣고 기억한 다음 적어주세요.
이번에는 숫자를 먼저, 글자를 나중에 적어야 해요.

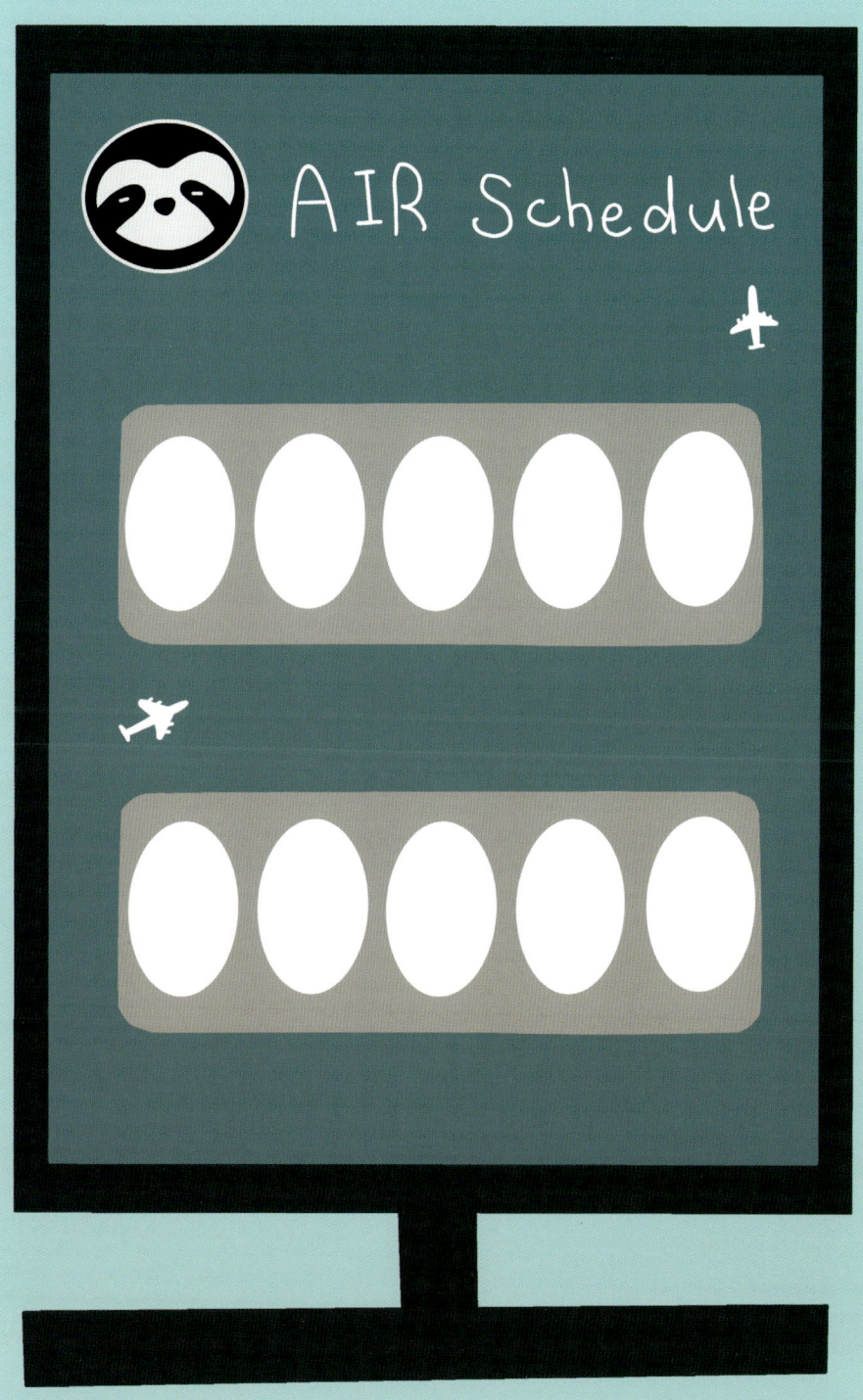

비행기를 타니 떨리네요. 위험한 구름을 피해 안전한 구름 위로만 지나가야 해요. 안전하게 도착할 수 있도록 길을 알려주세요.

큰부리새 3 어느 구름으로 가야 할지 잘 듣고 선을 그어 연결해주세요.

모자

가방

파도

노래

신발

나무

시계

거울

산

책상

물감

지갑

사탕

교실

껌

열소

필통

의자

우유

편지

춤   사과

오늘의 의뢰인은 **큰부리새**네요. 붕대를 감고 있어서 잘 보이지 않지만, 큰부리새의 부리가 엉망이 되었대요. 어떻게 된 걸까요?

큰부리새 4 큰부리새의 설명을 잘 듣고, 부리가 어떤 상태인지 색연필을 이용해 완성해보세요.

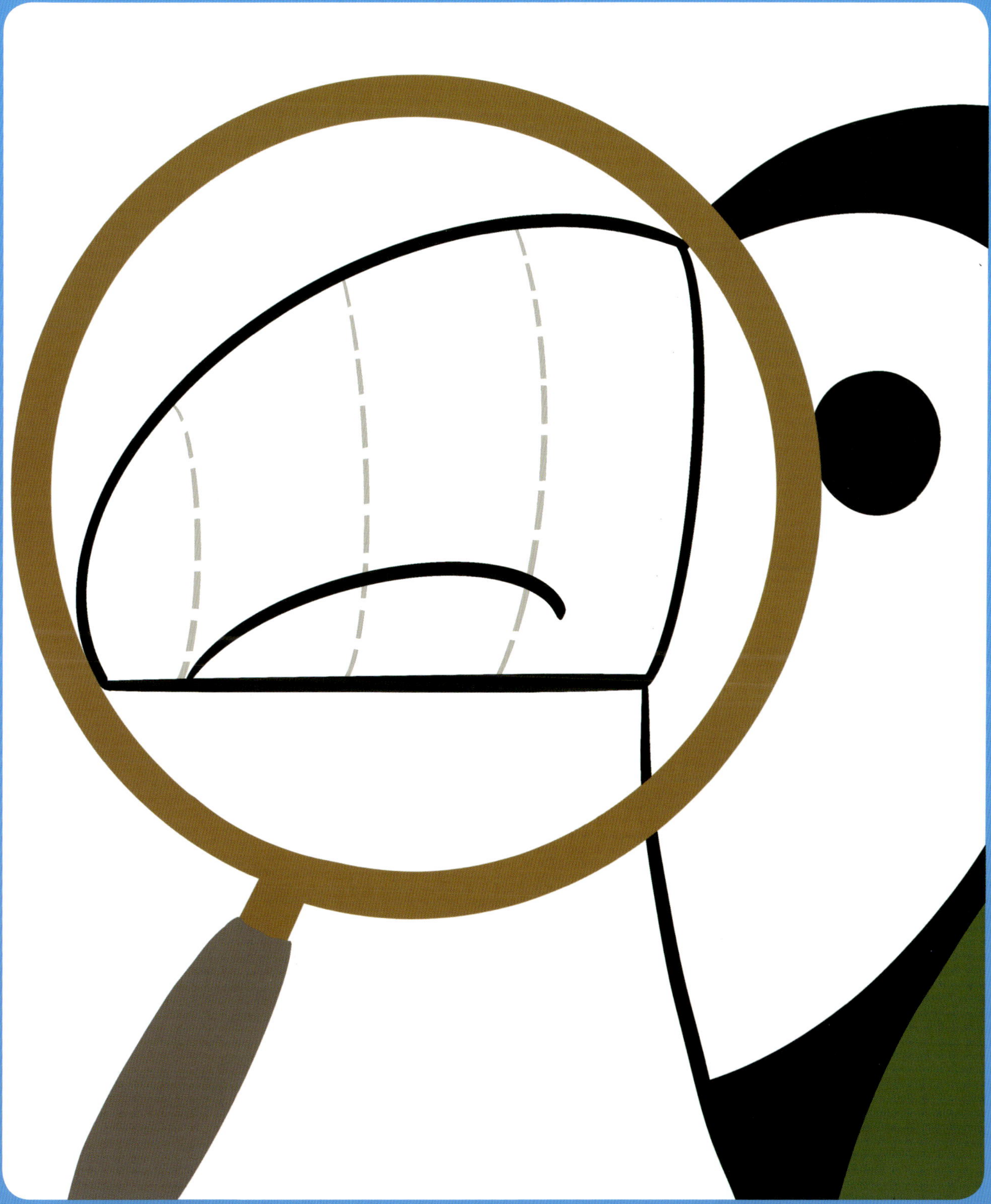

우선 큰부리새의 부리에 칠해진 색을 좀 지워야겠어요.
색을 지울 때 필요한 것들을 챙겨주세요.

큰부리새 5 잘 듣고 부리의 낙서를 지우는 데 필요한 것들을 모두 찾아 동그라미 해보세요.

그래도 모든 색을 다 지울 수는 없겠군. 어떤 부분이 남았나?

이제 무슨 일이 있었던 건지 큰부리새의 이야기를 좀 들어봅시다.

 큰부리새의 얘기를 잘 듣고, 어떤 일이 있었는지 알아보세요.

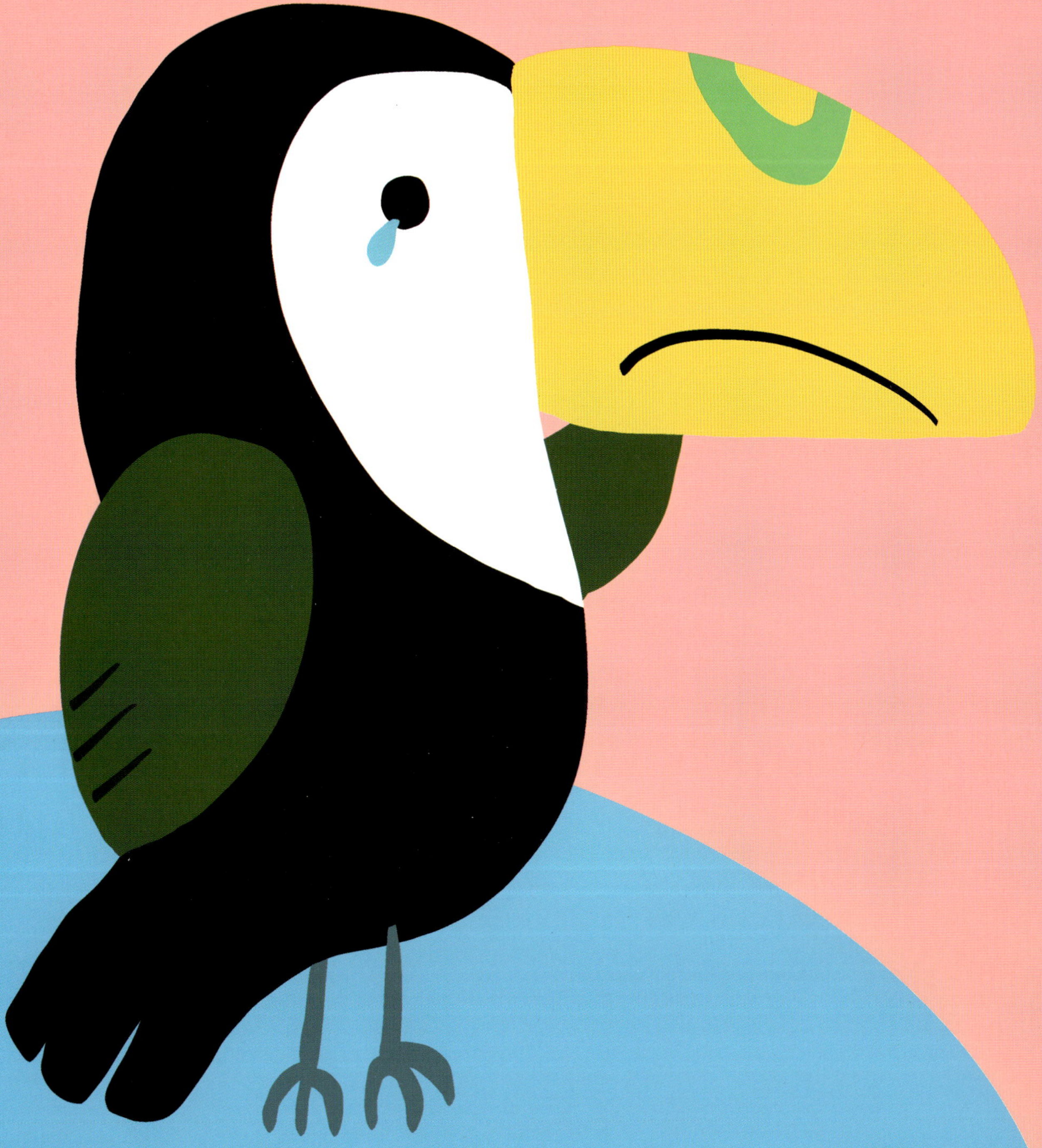

부록 119쪽의 그림을 오린 다음, 일이 일어난 순서대로 붙여보세요.

1	2
3	4
5	6

아무래도 문이 열렸을 때 누군가 들어왔다 간 것 같군요.
범인을 알아내려면 먼저 **현장**을 확인해야겠어요.
다행히 큰부리새가 **어젯밤** 잠들기 전에
방이 어땠는지 기억하고 있어요.
큰부리새의 이야기를 들어보죠.

큰부리새 7 큰부리새의 말을 잘 듣고 어젯밤과 어떤 점이 달라졌는지 찾아 동그라미 해보세요.

달라진 부분은 모두 몇 군데인가?

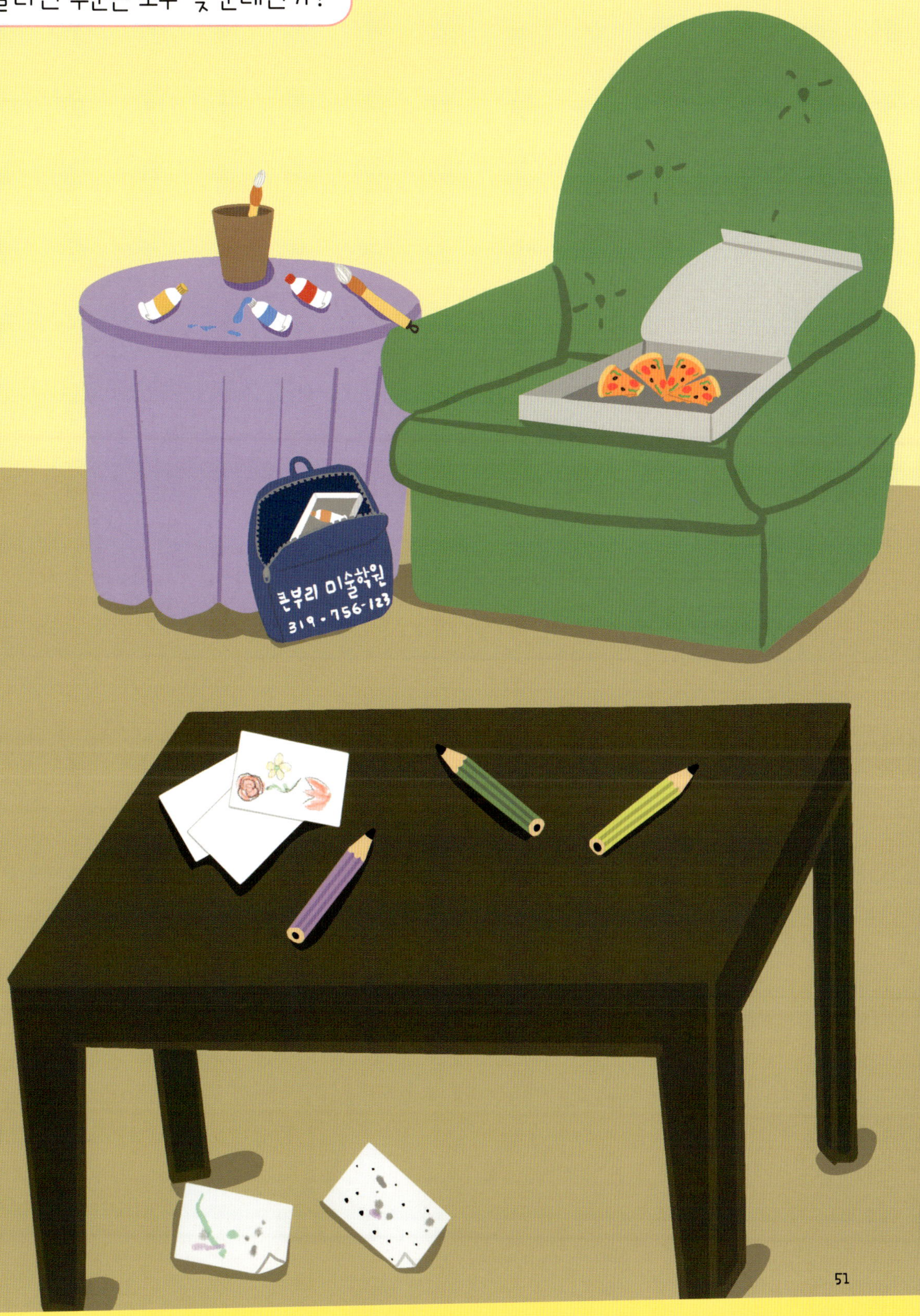

중요한 단서를 찾았어요. 깨끗했던 새 종이에 이상한 자국들이 있군요. 범인을 찾는 아주 중요한 단서가 될 거예요.

큰부리새 8 잘 듣고 순서대로 점을 연결해서 어떤 동물 모양인지 알아내 보세요.

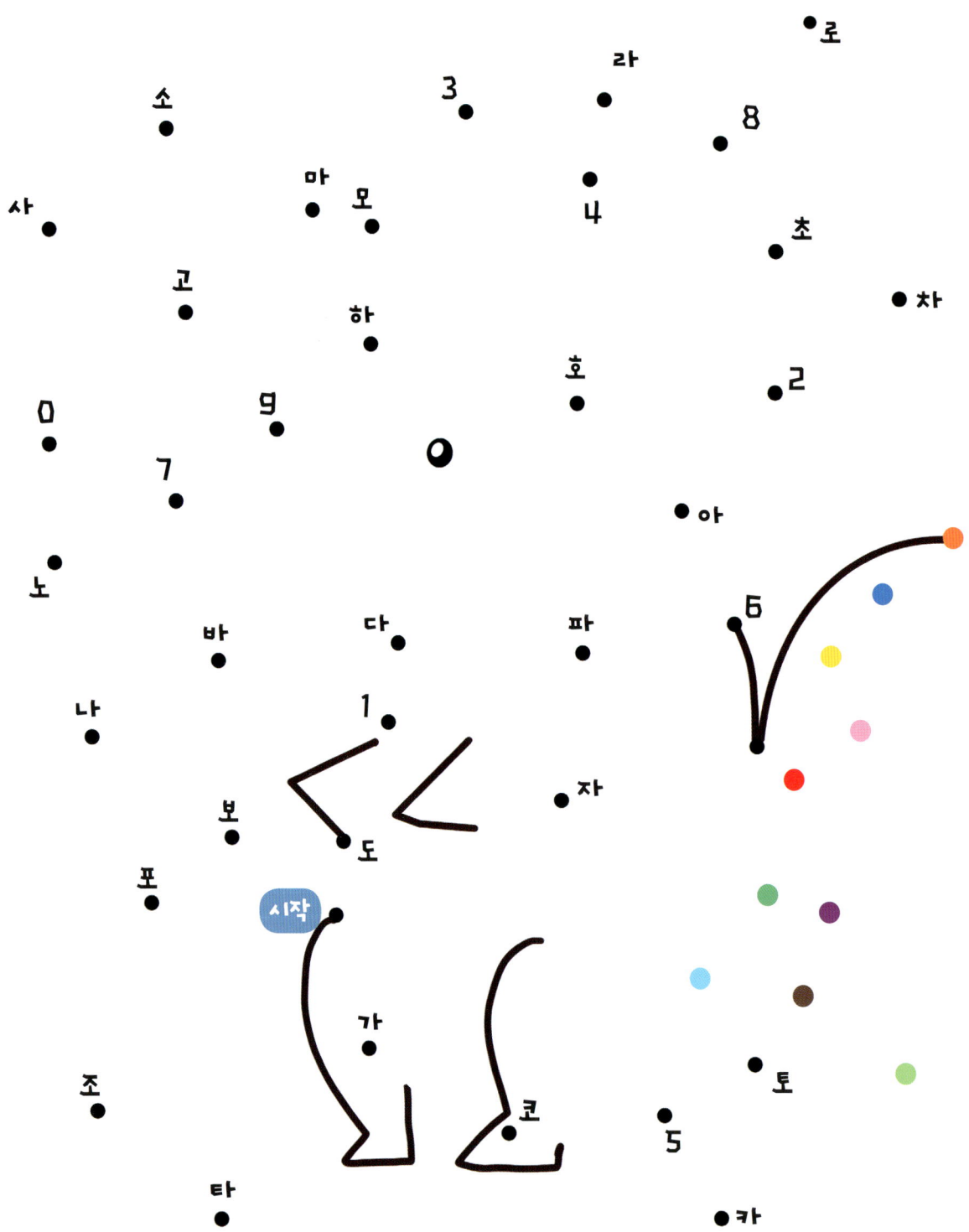

잘했어요! 어떤 동물이 용의자인지 이제 알 것 같아요.
그리고 여기 중요한 단서가 또 하나 있어요. 범인이 **지문**을 남겼군요.
이 지문을 가지고 용의자를 만나러 가봅시다.

용의자는 바로 **쥐**였어요. 그런데 쥐가 네 마리나 있네요.
지문이 어떤 모양인지 한 마리씩 확인해 봐야겠어요.

잘 듣고 쥐들의 지문이 어떤 모양인지 그려보세요.

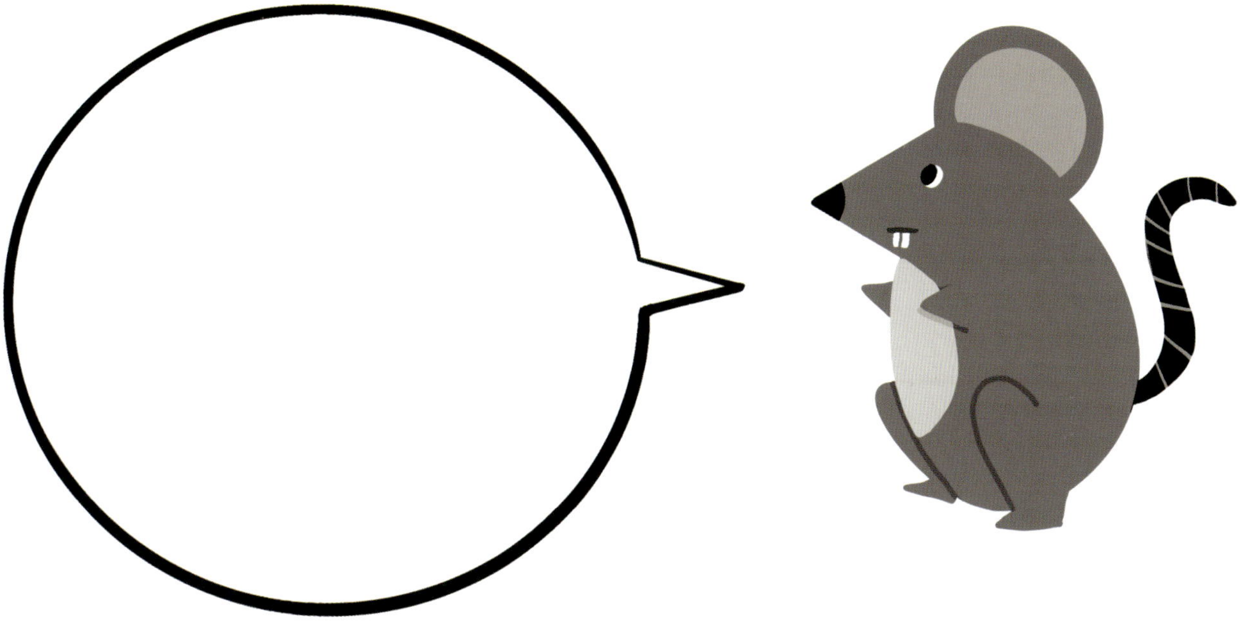

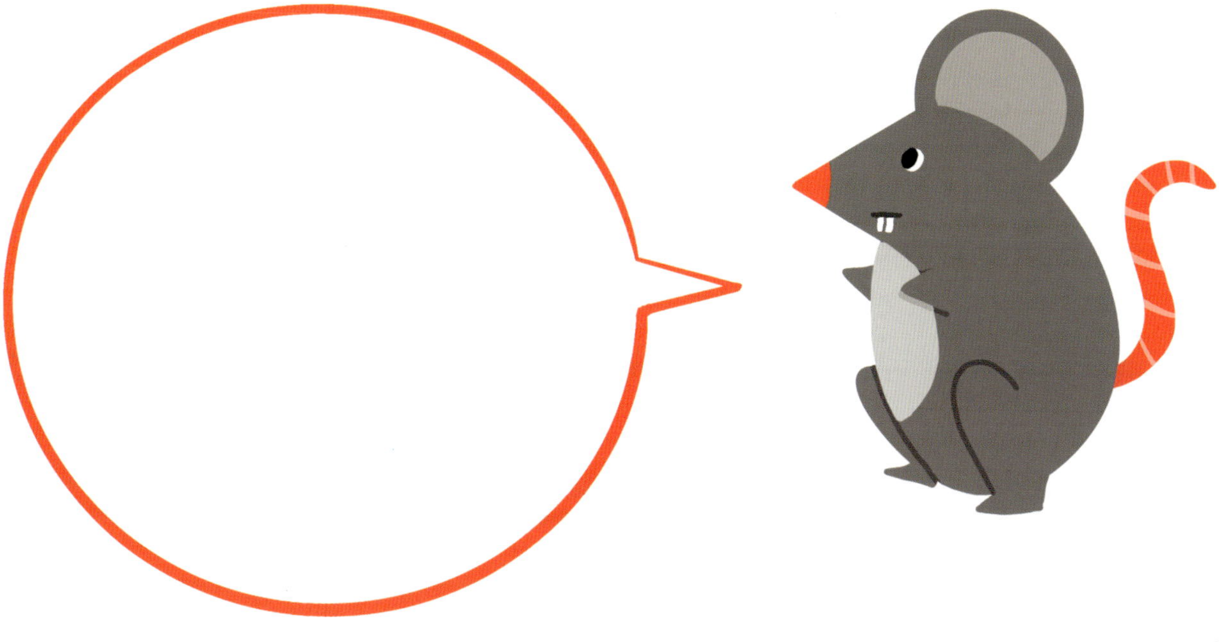

지문을 남긴 쥐가 누군지 찾았어요! 이야기를 한 번 들어보죠.
수상한 점이 있는지 잘 살펴봐야겠어요.

빨간 꼬리 쥐의 말을 잘 듣고 이상하게 말한 부분을 찾아보세요.
이상하게 말한 부분이 세 군데 이상이라면 범인일 가능성이 커요.

틀리게 말한 곳은 몇 군데인가?

범인은 역시 사건 현장에 지문을 남기고
의심스러운 이야기를 많이 한 빨간 꼬리 쥐일 가능성이 커요.
어? 그런데 **큰부리새**와 **쥐 친구들**이 취조실로 찾아왔어요.
할 얘기가 있다고 하네요.

큰부리새 11 큰부리새의 말을 잘 듣고 질문에 답해보세요.

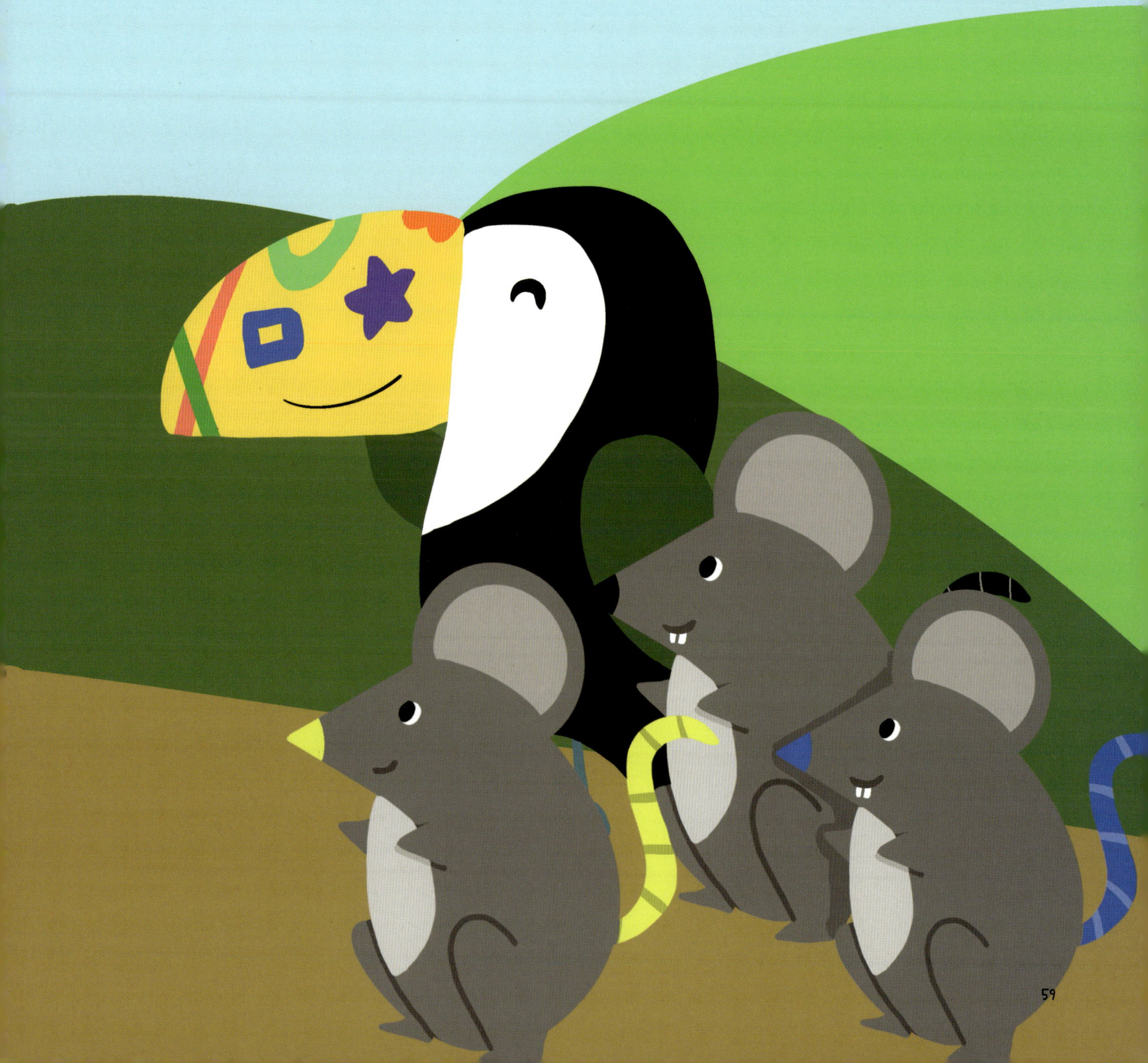

사건 일지를 완성해주세요. 범인은 누구였나요?

사건일지

사건번호 : 20XX-002

사건명 : 엉망이 된 부리 사건

범인은 바로 너!! ()!!

범인은 무슨 행동을 했나요? _____

_____

왜 그렇게 했나요? _____

_____

무슨 벌을 주면 좋을까요? _____

_____

작성자 : 탐정 조수 _____

잘했어요! 두 번째 사건도 멋지게 해결했네요!!

하암~ 왜 이렇게 졸리지?
비행기를 타고 다녀와서 시차 적응이 안 됐나 보군.
큰부리새 마을이랑 시차가 얼마나 되지?
뭐? 30분이라고? 그런데 왜 이렇……

쿨쿨.

탐정님이 잠드셨네요. 탐정 배지는 잊지 마세요.
부록에 있는 탐정 배지 스티커를 10쪽에 붙여보세요.

사건 셋.
모두가 잠든 밤에...

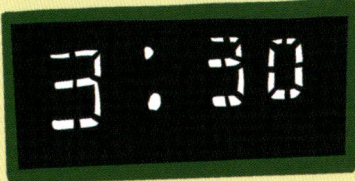

엄마, 아빠가 퇴근하시기 전.
바로 그때가 게임을 할 유일한 시간이죠.
아직 오후 3시 30분밖에 안 됐어요.
충분히 게임을 즐길 수가 있겠…….
어?? 아까도 3시 30분이었는데?!!
시계가 고장 났나 봐요.

벌써 밖이 깜깜해요. **큰일**이에요!!
부모님이 오시기 전에 해야 할 게 많은데!!

우선, 지금이 **몇 시**인지 재빠른 탐정님께 재빨리 물어봐야겠어요.

밤에 1 **탐정님의 전화번호를 듣고 메모지에 써주세요. 작은 숫자부터 순서대로 써야 해요.**

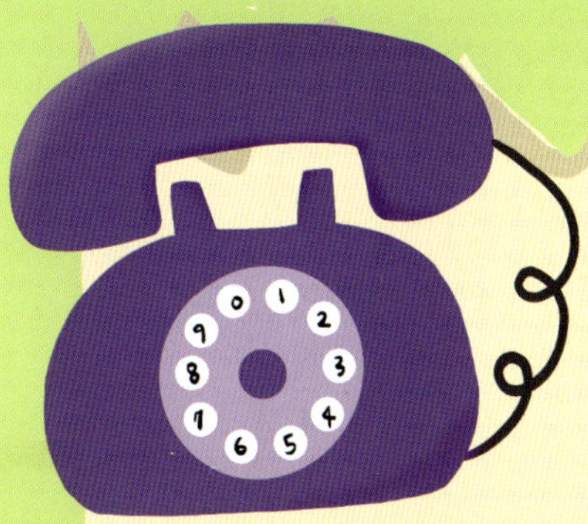

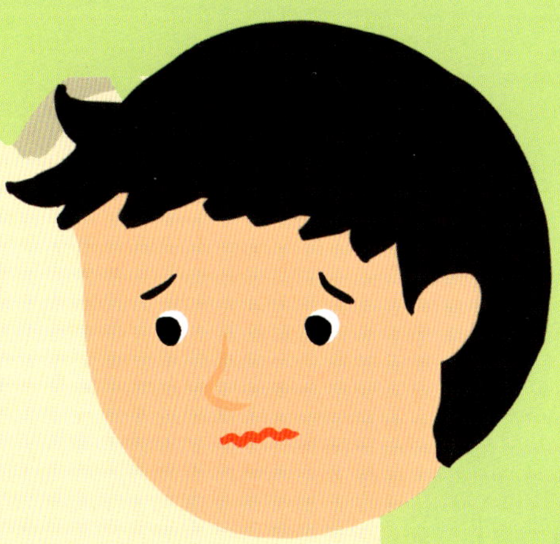

🚩 **활동 2** 탐정님의 이야기를 잘 듣고, 다음과 같이 숫자가 나올 때마다 표시한 다음 세어보세요.

예시

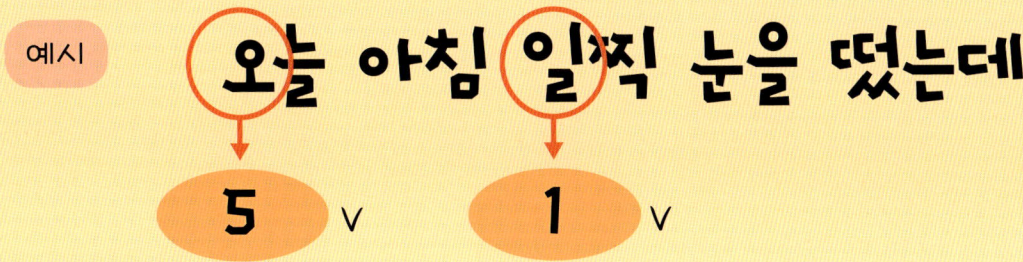

오늘 아침 일찍 눈을 떴는데
5 ∨   1 ∨

1	.... ( ) 번
2	.... ( ) 번
4	.... ( ) 번
5	.... ( ) 번
8	.... ( ) 번
9	.... ( ) 번

🔍 가장 많이 나온 숫자부터 차례대로 아래 칸에 써보세요. 시간을 알 수 있어요.

( ) 시 ( ) ( ) 분

시간은 5시 42분이었어요!

그런데 탐정님 말이 너무 느려서 이제 한 7시는 된 것 같아요.

너무 늦었어요! 어떡하죠? 아직 할 일이 많이 남았는데…….

부모님이 오시기 전에 끝내야만 해요.

 밤에 3 지호가 해야 할 일들을 듣고, 부록 123쪽의 스티커를 순서대로 붙여보세요.

1	2
3	4

5

허둥지둥! 지호가 급하게 할 일을 다 했어요! 이제 남은 건 방 청소예요. 근데 어쩌죠? 방이 엉망이에요. 탐정님, 도와주세요!

 밤에 4 잘 듣고 물건들을 제자리에 놔주세요. 부록 125쪽의 스티커를 붙여주세요.

방 청소도 다 했는데 엄마랑 아빠는 아직 도착하지 않으셨어요.
언제 오실까요? 전화를 걸어봐야겠어요.

잘 듣고 엄마, 아빠의 퇴근길을 각각 순서대로 선으로 연결해보세요.

엄마, 아빠가 도착해서 나를 꼭 안아주셨어요.
어? 엄마 주머니가 불룩한 게 안에 뭔가 들어있는 것 같아요.
잠시 후, 엄마가 주위를 살펴보더니 주머니에서 **검은 비닐봉지**를
꺼냈어요. 그리고는 냉장고 깊숙한 곳에 넣었어요.

저녁을 먹고 침대에 누웠는데, 자꾸만 검은 봉지가 눈에 아른거려요.

그 안에 든 게 뭘까요? 엄청 **맛있는 음식**일 것 같아요.

너무 궁금해서 열어보고 싶지만 그러다 엄마한테 들킬까 봐 걱정이에요.

재빠른 탐정님을 몰래 불러서 여쭤봐야겠어요.

 지호네 집 주소를 잘 듣고 탐정님께 전해주세요. 지호가 주소를 거꾸로 불러서 암호를 만들었다고 하니까 다시 순서대로 잘 적어주세요.

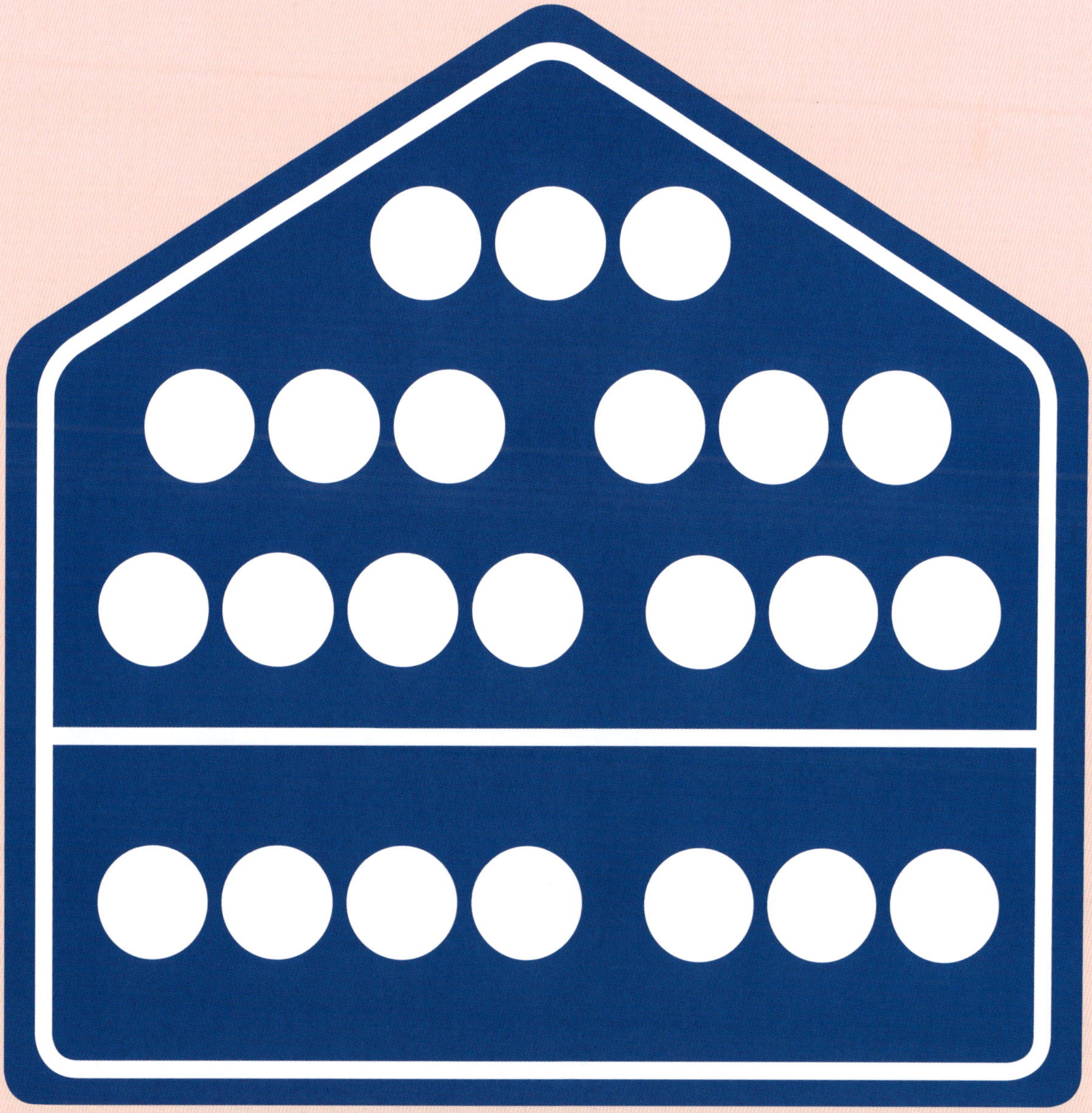

지호 군, 얘기는 들었다네.
먼저 부모님이 집에 오셨을 때부터 시작해보지.
부모님이 집에 도착했을 때 뭘 손에 뭘 들고 계셨지?

엄마, 아빠가 각각 무엇을 사 오셨는지 아까 들었던 내용을 기억해서 떠올려보세요. 그리고 부록 127쪽의 스티커를 엄마, 아빠 손에 붙여보세요.

흠. 지호 군 엄마가 오늘 다녀온 곳 중
먹을 것을 파는 곳은 빵집뿐이군.
잠깐 빵집에 탐문 수사를 다녀오겠네.

밤에 7 탐정님과 점원의 대화를 듣고 엄마가 사 온 것이 무엇인지 찾아 동그라미 해보세요.

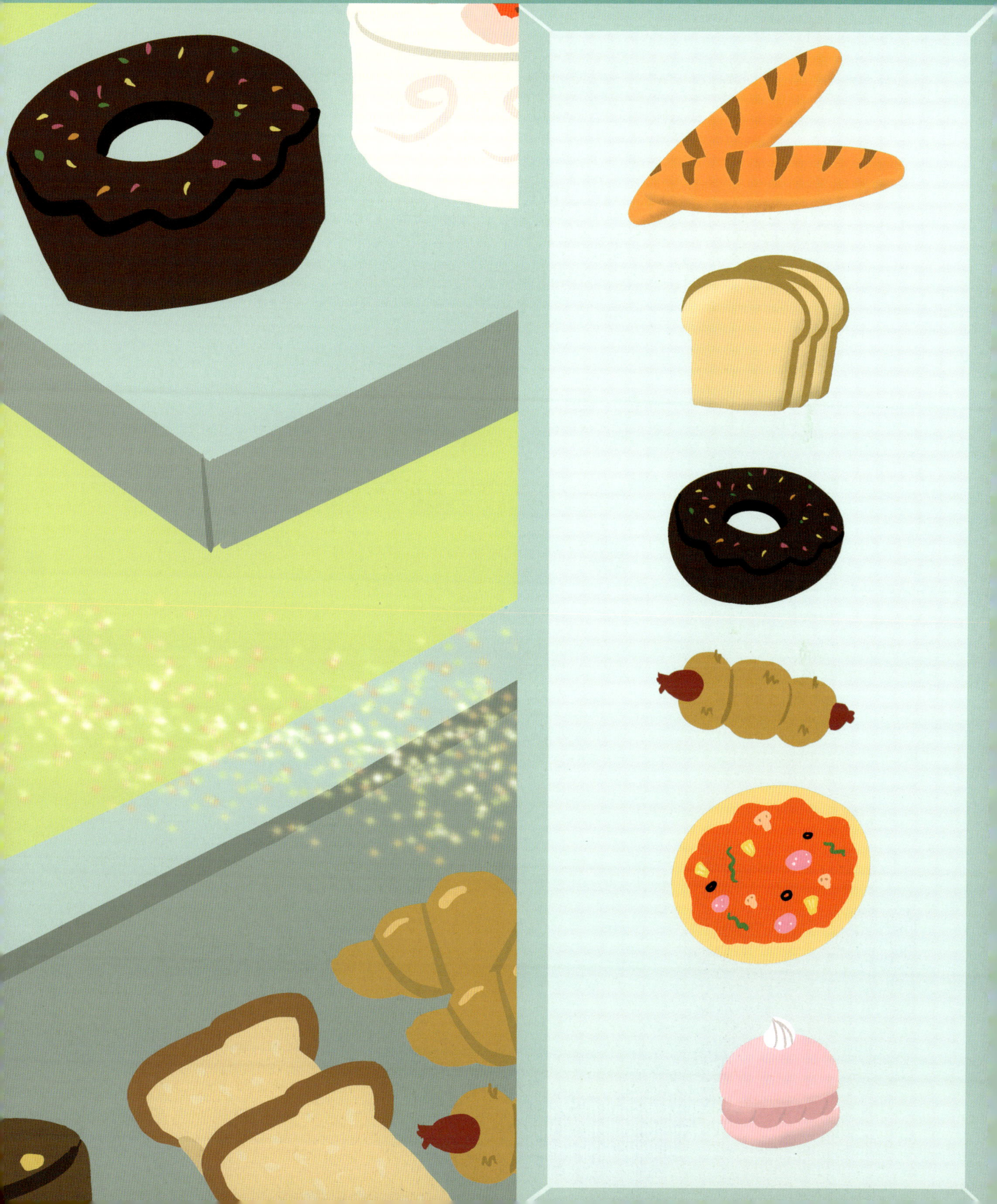

엄마가 냉장고에 넣은 건 마카롱이라고 탐정님이 몰래 알려주고 가셨어요!
다음 날 아침, 난 일찍 일어나서 살금살금 주방으로 갔어요.
가족들이 깰까 봐 조심조심 냉장고를 열었는데, 봉지가 텅 비어 있었어요!

바로 그때! "최지호!" 하는 엄마의 목소리가 들렸어요!
"엄마, 나 마카롱 안 먹었어요."
"그게 마카롱인 줄 어떻게 알았어?
네가 먹은 거 아니야?"

어떡하죠, 탐정님?
다시 저희 집에 좀 와주세요.

우선 사건 현장을 살펴보도록 하죠.
부인, 마카롱을 넣을 당시 냉장고 안을 자세히 설명해주시죠.

> 밤에 8 엄마의 말을 잘 듣고, 부록 127쪽의 스티커를 붙여서 냉장고 안을 완성해주세요.

 좋습니다. 이번에는 어제 샀던 마카롱을 자세히 묘사해주시죠.

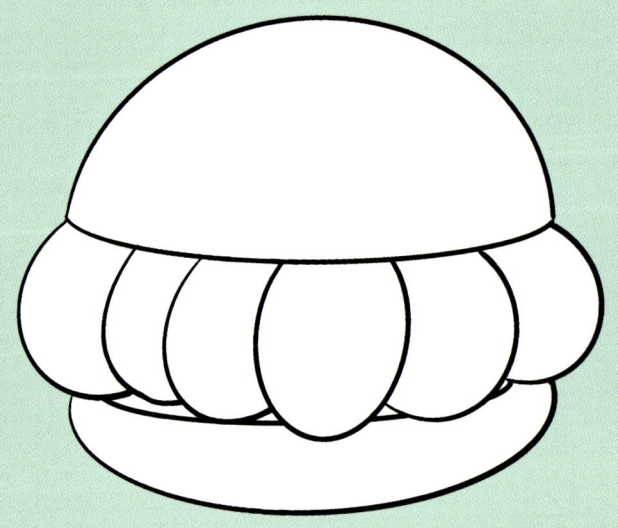

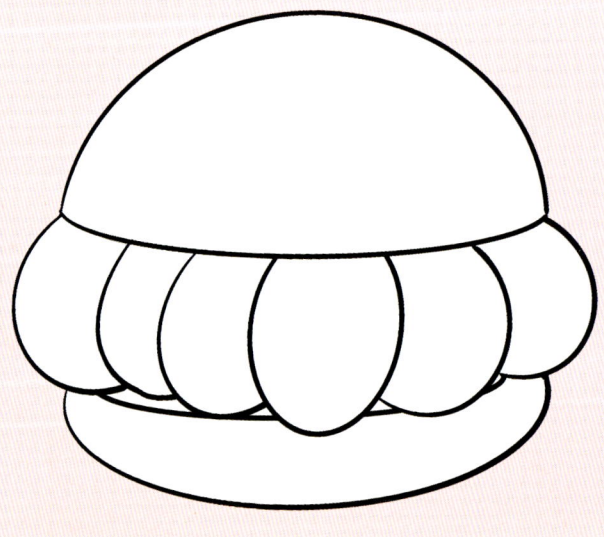
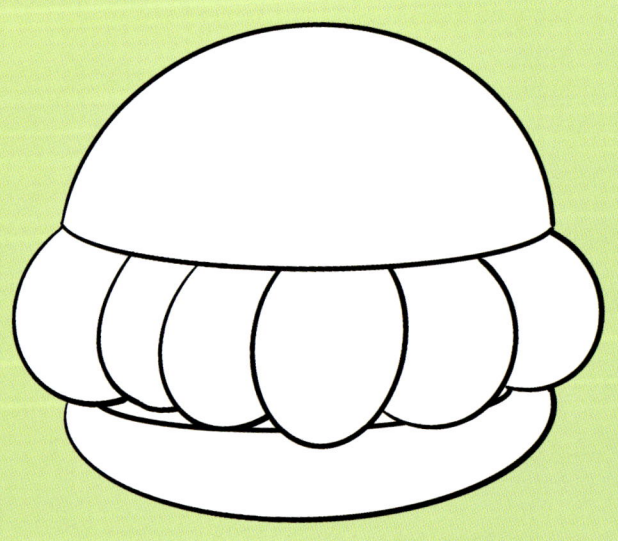

엄마의 말을 잘 듣고, 부록 129쪽의 스티커와 색연필을 가지고 마카롱을 꾸며주세요.

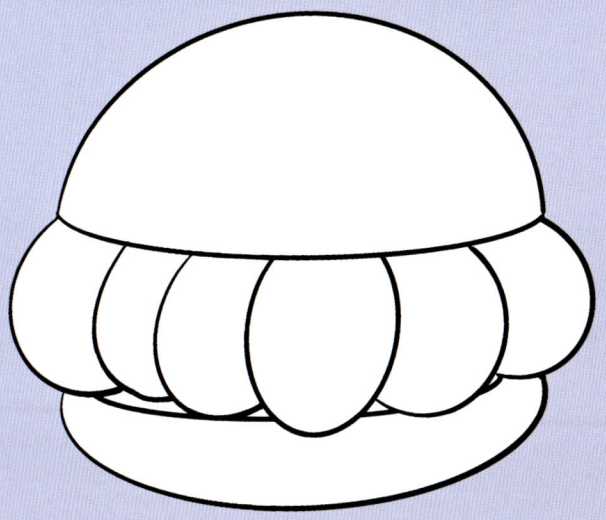
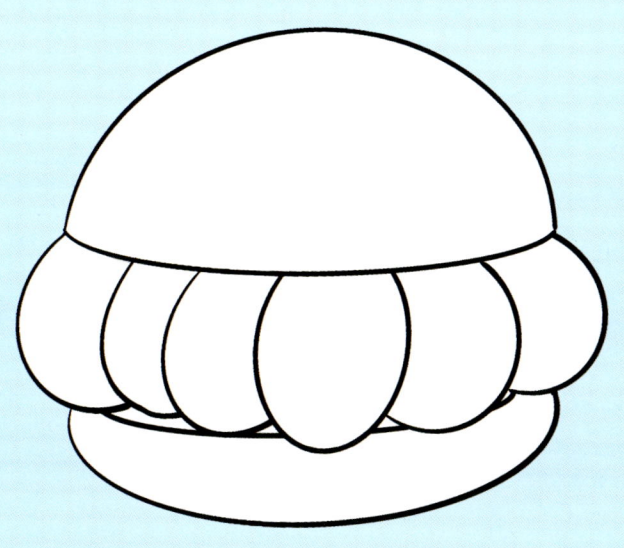
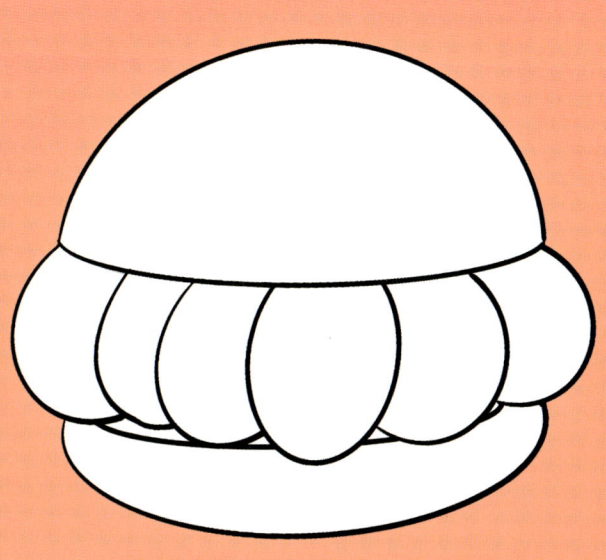

 용의자는 지호 군의 아빠와 형, 그리고 지호 군이에요.
세 사람의 진술을 들어봐야겠어요. 마침 아빠랑 형이 나오는군요.

밤에 10 세 사람의 진술을 잘 듣고, 탐정님의 수첩에 잘못 적힌 부분을 찾아서 동그라미 해보세요.

아빠

오늘도 어제처럼 방울토마토를 꺼내서 저녁으로 먹었어요. 하지만 방울토마토만 먹었지, 마카롱은 결코 안 먹었어요. 전 그렇게 알록달록한 음식은 좋아하지 않는답니다. 게다가 단것도 안 좋아하는데 어떻게 마카롱 8개를 혼자서 다 먹었겠어요?

형

전 어젯밤 늦게 학교 끝나고 집에 도착했어요. 목이 너무 말라서 사이다를 마셨는데, 늦은 시간에 콜라를 먹으면 아빠한테 혼날까 봐 몰래 먹었어요. 그건 잘못 했지만, 마카롱은 내가 먹은 게 아니에요.

지호

오늘 새벽에 사실 혼자 마카롱을 꺼내 먹으려고 했어요. 그건 잘못 했어요. 하지만 진짜로 제가 먹은 게 아니에요. 꺼내 보니까 정말 빈 비닐봉지만 있었어요.

 자, 세 사람 중 범인이 누구인지 눈치챘나?

그날 저녁, 아빠는 마카롱을 잔뜩 사 오셨어요.
우리 가족은 다 같이 마카롱 파티를 했답니다.

사건 일지를 완성해주세요. 마카롱을 다 먹은 범인은 누구인가요?

사 건 일 지

사건번호 : 20XX-003

사건명 : 사라진 엄마의 마카롱

엄마의 마카롱을 다 먹어버린 건 ____였어요.

____는 시치미를 뗐지만,

마카롱이 ____개였다는 사실을

아무도 말하지 않았는데도 알고 있었죠.

작성자 : 탐정 조수 _____

잘했어요! 세 번째 사건도 멋지게 해결했네요!!

세 번째 사건까지 잘 따라와 주었군.
이번에도 아주 활약이 대단했어. 아, 자네 말고 나 말이야.

가는 길에 빵집을 좀 들르세. 오늘은 내가 사지.
먹고 싶은 빵을 마음껏 골라보게.
비싼 건 빼고.

재빠른 탐정사무소

부록에 있는 탐정 배지 스티커를 10쪽에 붙여보세요.

사건 넷.
사라진 친구를 찾아라!

3학년 1반에는 언제나 똘똘 뭉쳐 다니는 **네 명의 친구들**이 있어요.
넷이서 항상 탐정 놀이를 하며 지내요.
친구들의 이름을 따서 탐정단 이름도 만들었죠.

잘 듣고 친구들 이름에서 어떤 글자를 따왔는지 찾아서 아래 칸에 적어보세요.

○ ○ ○ ○ **탐 정 단**

오늘 아침도 슬기로운 탐정단 친구들은
지운이가 가져온 **수수께끼**를 풀면서 추리 연습을 하고 있어요.

슬찬

200 점

친구 2 지운이가 내는 수수께끼를 잘 듣고 친구들과 대결해보세요. 한 문제를 맞힐 때마다 100점을 받을 수 있어요.

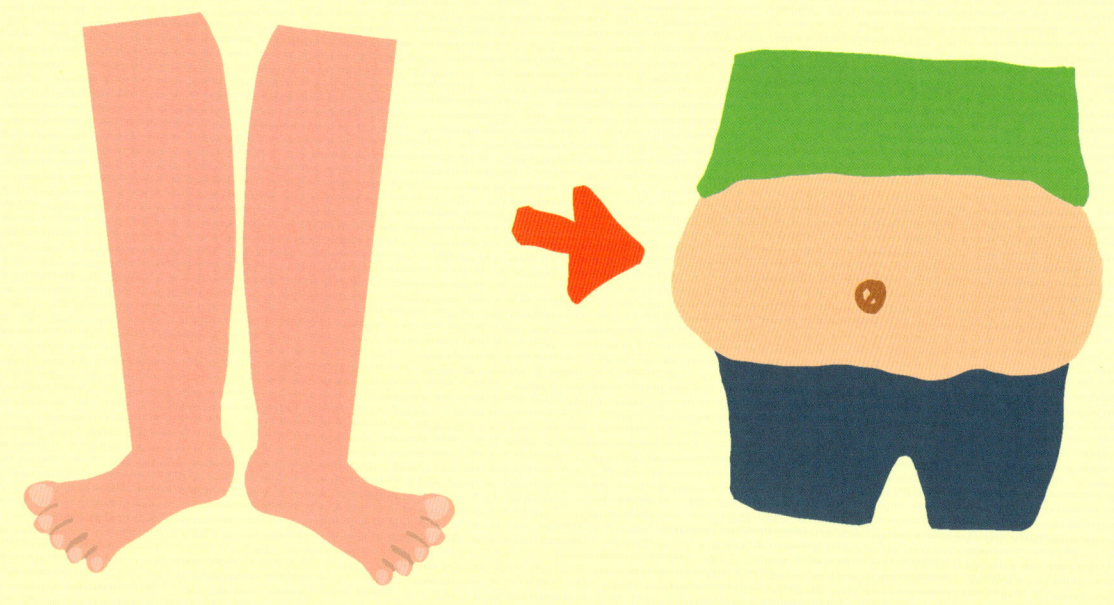

유리

100 점

나

___ 점

그런데 수수께끼가 다 끝나도록 로하가 오지 않았어요.
월요일부터 이틀째 로하가 학교에 오지 않네요.

로하의 자리에는 수첩 하나만 올려져 있어요.
도대체 무슨 일일까요?

친구 3 유리의 말을 잘 듣고 로하의 자리를 찾아서 부록 129쪽의 수첩 스티커를 붙여주세요.

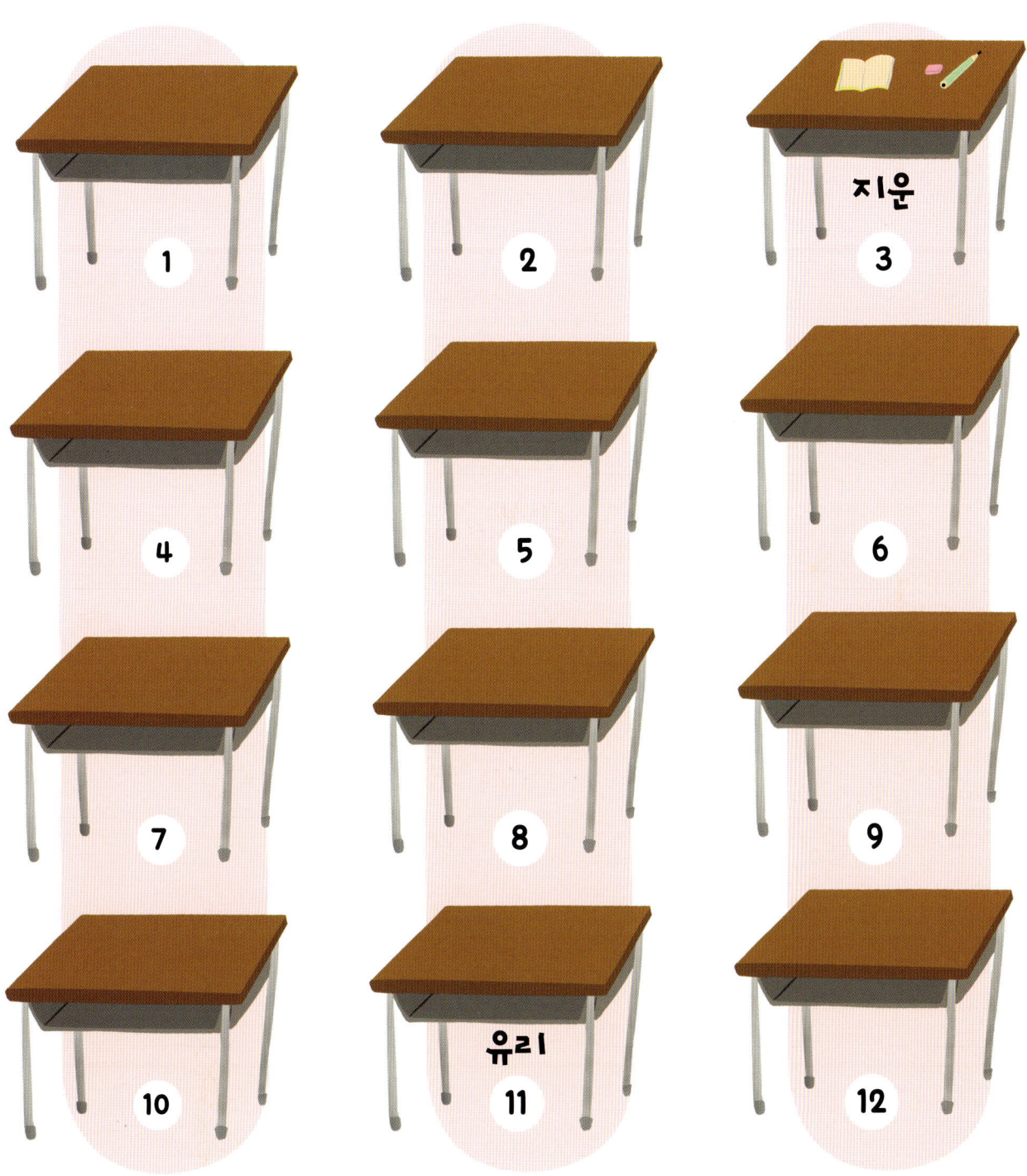

97

친구들은 로하 자리에 있는 수첩을 펼쳐보기로 했어요.
그 안에는 알 수 없는 **암호**들이 적혀 있었죠.
무슨 일이 생긴 건 아닐까요??

10　　산

3　　　5　　　2

똥　　　　　　팔

7

1　　　문

슬기로운 탐정단 친구들은 재빠른 탐정님을 찾아가기로 했어요.
재빠른 탐정사무소의 **주소**를 친구들에게 알려주세요.

 잘 듣고 거꾸로 다시 말해본 다음 동그라미 안에 적어보세요.
그리고 \\\ 표시된 글자들만 골라서 아래 칸에 쓰면 탐정님 주소를 알 수 있어요.

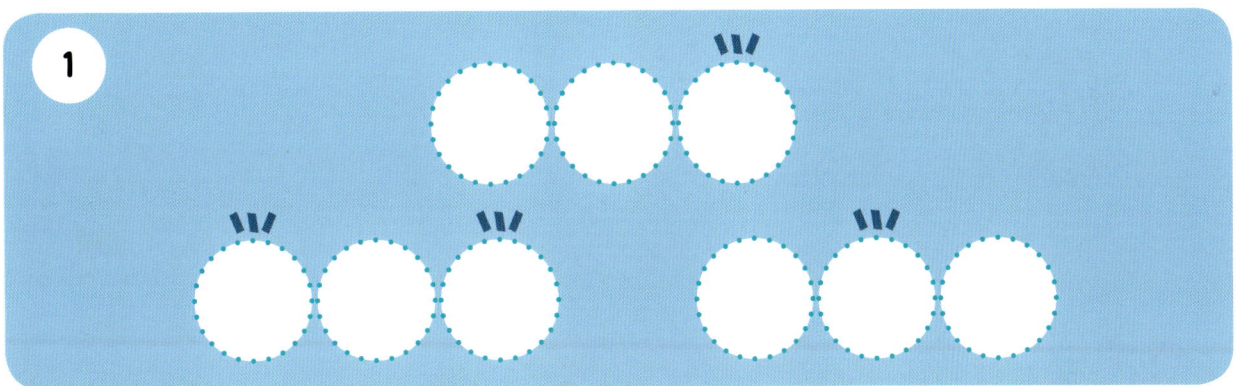

주소 :

탐정사무소에 가기 전에 친구들은 수사를 위한 준비물을 사기로 했어요. 우선 각자 가지고 있는 돈이 얼마인지 세어봤어요.

 친구들이 가지고 있는 돈이 얼마인지 잘 듣고 알아내 보세요.

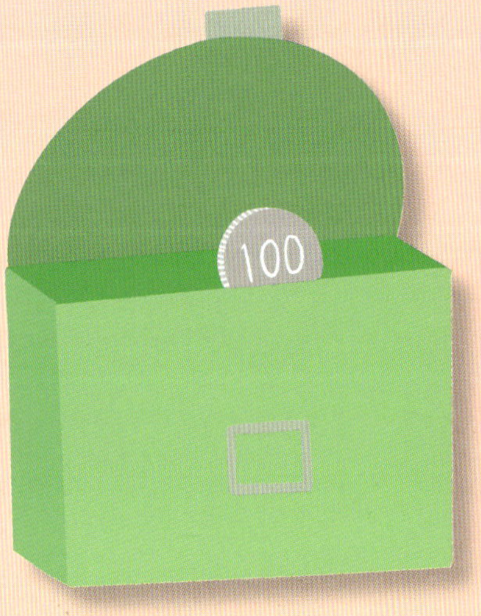

지운

_____ 원

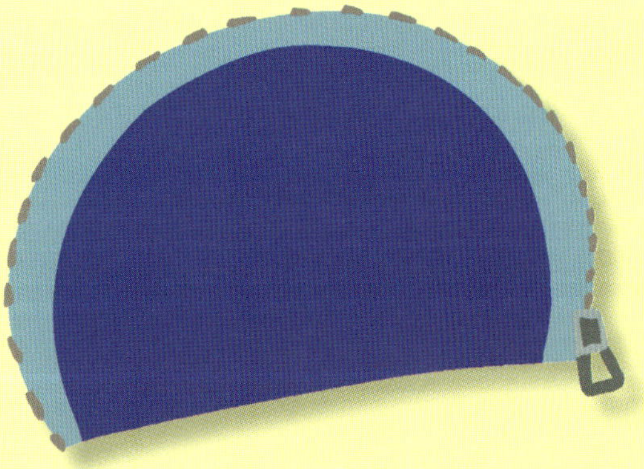

유리

_____ 원

슬찬

_____ 원

친구들이 가지고 있는 돈은 다 합해서 _____ 원이에요.

친구들은 가지고 있는 돈을 모아서 준비물을 샀어요.

 잘 듣고 물건의 가격표를 완성해보세요.

₩   500 원

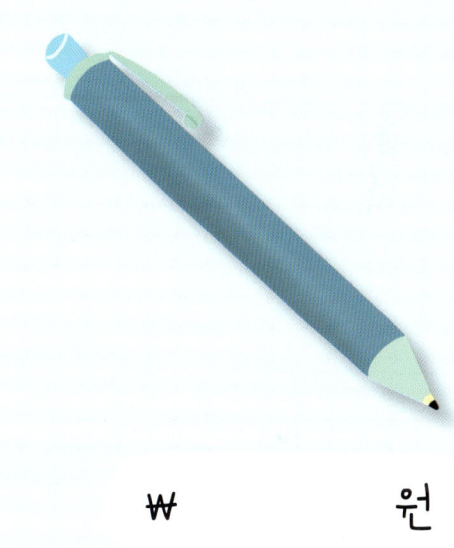

₩   원

₩   원

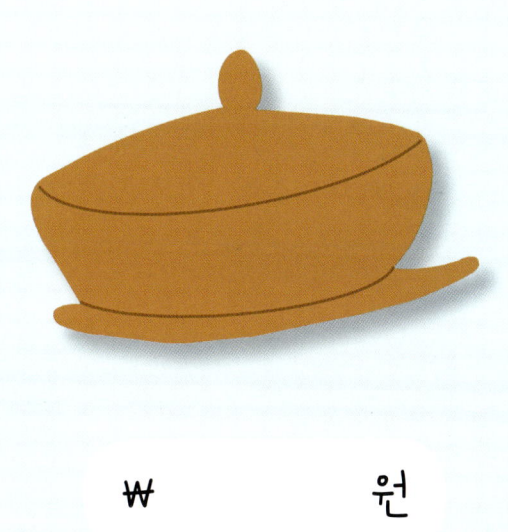

₩   원

탐정사무소에 도착한 친구들은
재빠른 탐정님께 로하의 수첩을 보여드렸어요.
탐정님은 수첩을 보고 로하네 집으로 가자고 말씀하셨어요.
어떡하죠? 친구들은 로하네 아파트 앞까지는 가본 적이 있지만
로하네 집이 **몇 동 몇 호**인지는 몰라요.

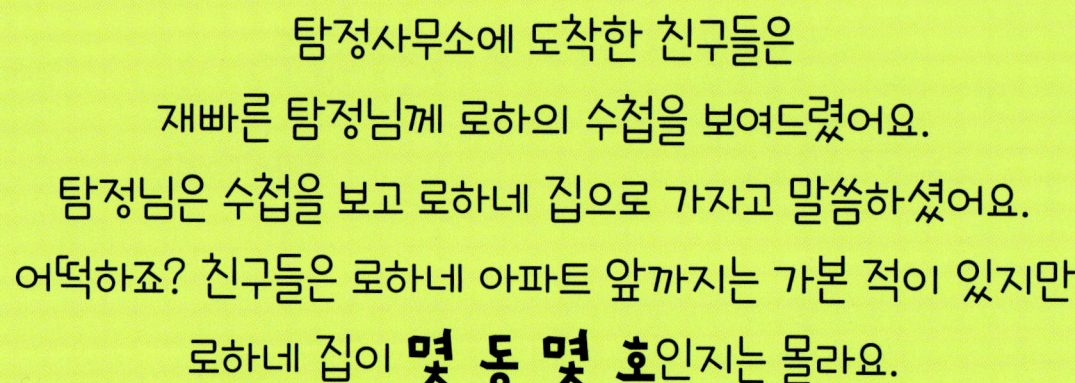

"여기 로하가 남긴
메시지가 있지 않나?"

친구 7 탐정님이 불러주는 로하의 메시지를 잘 듣고 로하네 집이 몇 동인지 맞혀보세요.

○○○ 동

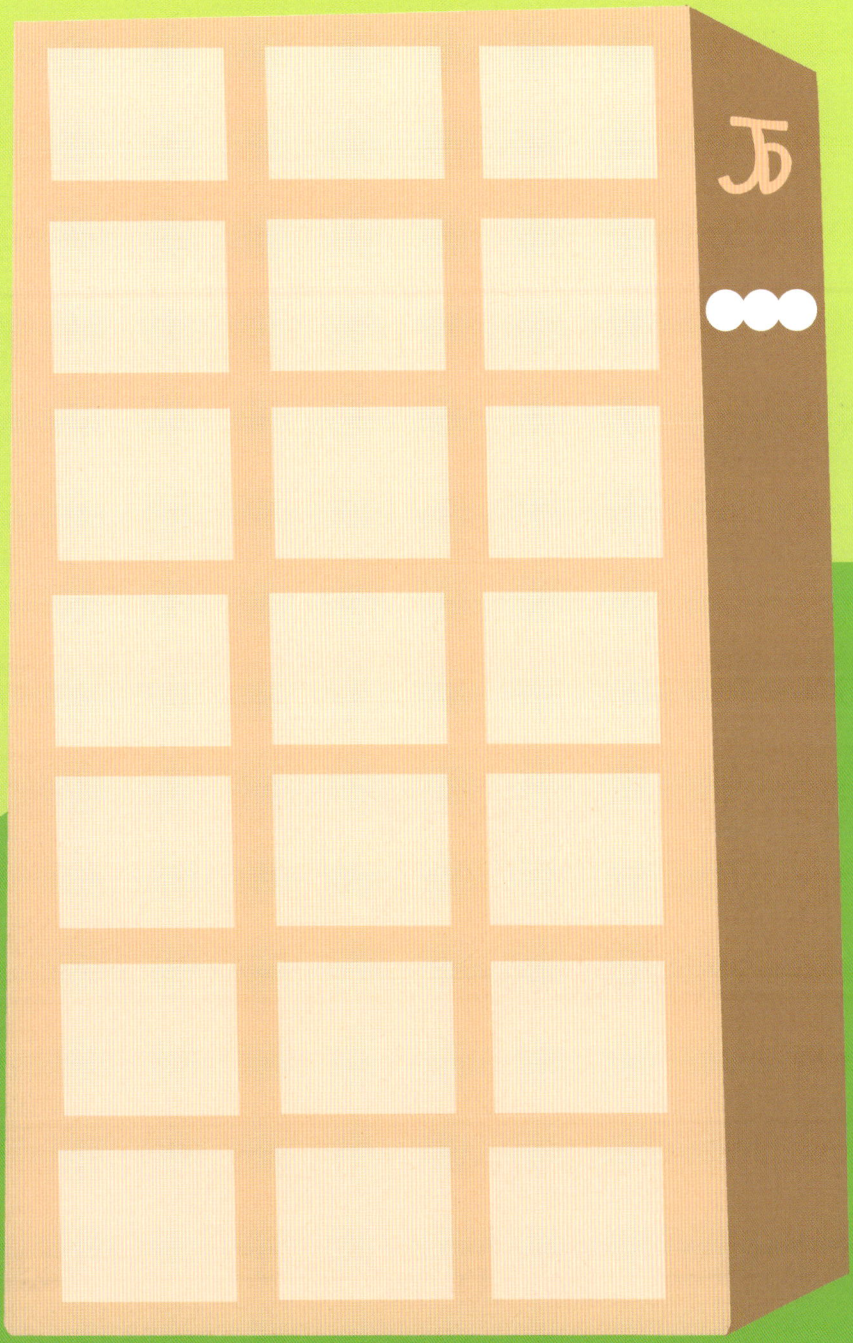

912동까지 잘 찾아왔어요. 유리가 탐정님께 여쭤봤어요.
"이제 어떻게 하죠? 탐정님?"
탐정님은 로하 수첩의 다음 장을 넘기셨어요.
그리고 로하의 **메시지**를 들려주었어요.

 이번에는 탐정님이 불러주는 단어들을 잘 듣고 받침소리를 찾아서 써보세요.

| 1 | 2 | 3 |

"탐정님, 이건 글자잖아요.
이걸로 어떻게 로하네 집을 찾죠?"

"때로는 상황을 다르게 보는 것도 필요하지.
사건을 완전히 거꾸로 살펴보는 거야.
그럼 답이 보일 걸세. 껄껄."

눈치챘나요?
책을 거꾸로 들고 글자를 다시 읽어보세요.

드디어 로하네 집을 찾았어요.
로하네 집 앞 우유 배달 주머니에 **우유**가 그대로 있어요.
로하뿐만 아니라 로하네 가족이 전부 다 사라진 게 분명해요.

 로하네 집에 부록 129쪽에 있는 우유 스티커를 붙여서 표시해주세요.

701	702	703
601	602	603
501	502	503
401	402	403
301	302	303
201	202	203
101	102	103

912

 "목격자가 있는지 이웃들을 좀 만나봐야겠어."
탐정님이 말씀하셨어요.

옆집
아저씨

아랫집
아주머니

경비원
아저씨

목격자들의 말을 잘 듣고, 탐정님 수첩의 빈칸을 채워보세요.

1. _____에 마지막으로 로하네 가족을 보았다.

2. 로하네 가족이 과일 _____를 나누어주었다.

3. 로하네 가족은 큰 _____을 들고 있었다.

4. 그날 로하네 _____가 보이지 않았다.

5. 로하네 가족은 두꺼운 _____를 가지고 있었다.

6. 로하는 _____를 쓰고 있었다.

경비원 아저씨께 로하네 강아지를 안고 갔던 **아주머니**에 대해

자세히 물어봐야겠어요

친구 10 경비원 아저씨의 말씀을 잘 듣고 아주머니의 몽타주를 완성해주세요.

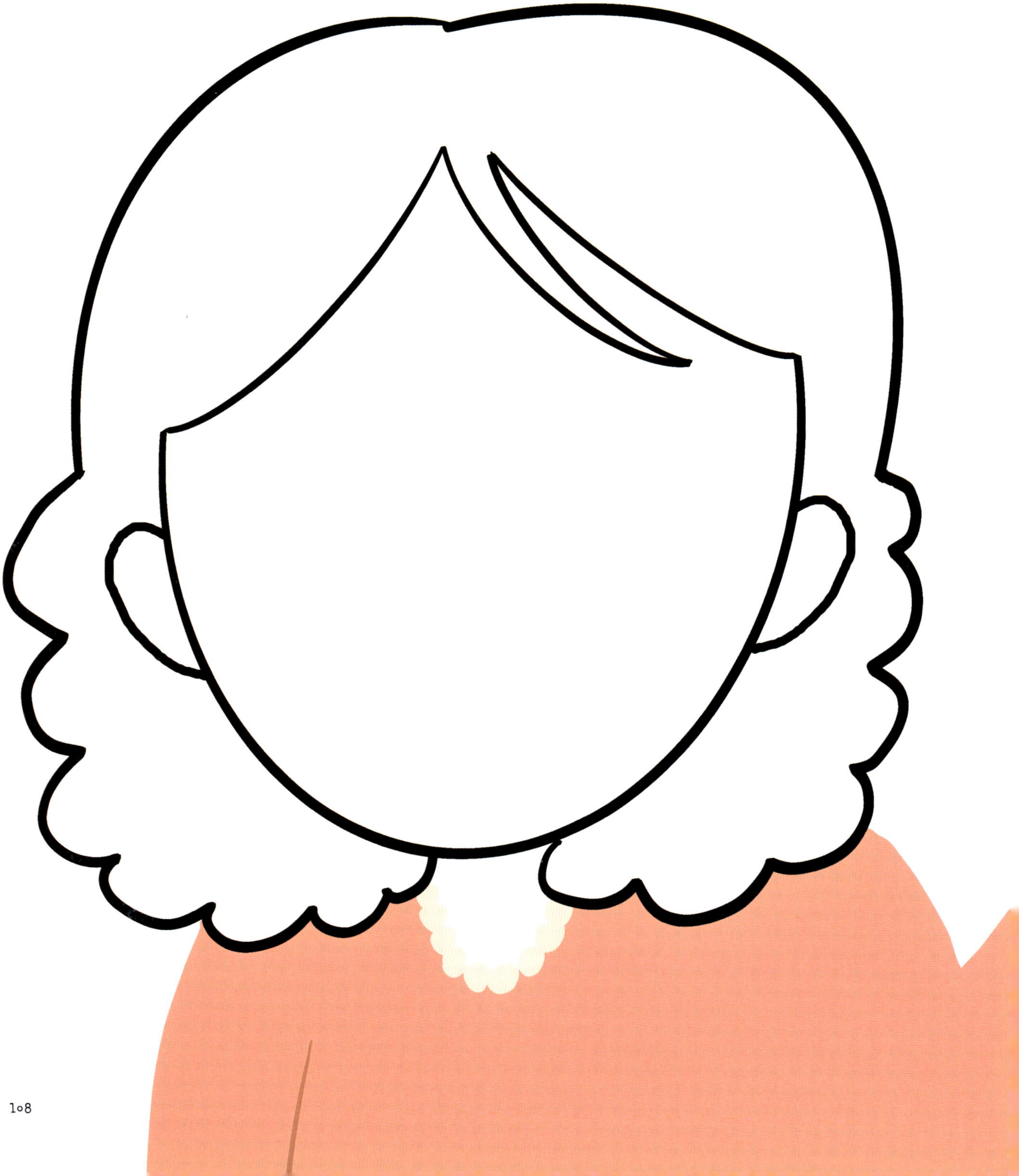

어? 그런데 저 멀리서 그 아주머니가 오고 있어요.
로하네 강아지도 같이 오고 있네요!!

"너희들이 슬기로운 탐정단이니? 난 로하 이모야.
로하가 너희들이 집으로 찾아올 거라고 했어.
로하가 이걸 전해주라고 하더라고."

로하네 이모가 건네준 건 로하의 **편지**였어요.
하지만 빈칸이 있어서 무슨 뜻인지 알 수가 없어요.

슬기로운 탐정단 친구들에게,

내가 낸 퀴즈들을 잘 풀었구나?

역시 슬기로운 탐정단이라면 해낼 줄 알았어.

나 가족들이랑 (가로 1)   을 떠나.

거기는 (세로 1)   이 아니라 (가로 4)   이래.

가기 전에 말하려고 했는데 너희들이 추리해서 알아내는 게

더 (세로 2)   있을 것 같았어.

돌아올 때 (세로 4)   사 올게.

그때까지 잘 지내고 있어.

로하가

아하, 이거로군.
로하 양의 수첩 마지막 장에
이 낱말 퍼즐이 있었지. 이걸 풀어보게.

친구 11 잘 듣고 낱말 퍼즐을 풀어서 로하가 남긴 메시지를 완성해보세요.

1			4
		2 재	물
	3 거		
4	울		

낱말 퍼즐을 다 풀었다면,
로하 편지의 빈칸을 채워서 완성해보세요!

🔍 사건 일지를 완성해주세요. 로하는 왜 사라진 건가요?

사 건 일 지

사건번호 : 20XX-004

사건명 : 사라진 친구를 찾아라!

슬기로운 탐정단 친구 중 한 명인

로하가 이틀째 학교에 _____을 했어요.

로하가 남긴 _____의 암호들을 풀어봤더니

로하는 _____을 간 거였어요.

작성자 : 탐정 조수 _____

잘했어요! 네 번째 사건도 멋지게 해결했네요!!

로하와 친구들을 보니 내 어린 시절을 보는 것 같군.

나도 참 어릴 때부터 영특했었지.

자네도 마찬가질세.

자네도 이제 어엿한 탐정의 모습을 갖추었군.

마지막 배지를 줄 테니 받게나.

그리고 자네를 위한 추천서를 써주도록 하겠네.

부록에 있는 탐정 배지 스티커를 10쪽에 붙여보세요.
탐정 배지를 다 모았군요! 잘했어요.
다음 장에 있는 탐정님의 추천서를 받으세요!

이 추천서를 가지고
탐정 협회를 찾아가 보게.

나처럼 멋진 탐정이 되어
다시 만나길 기다리겠네.

3권에 계속 ···

추 천 서

이름 _____

위 사람은
나처럼 재빠른 탐정이 될 것이므로
탐정 협회의 공식 탐정으로 추천합니다.

20   년   월   일

재빠른 탐정사무소
탐정 **재빠른**

| 초판 1쇄 발행 | 2021. 4. 20. |

지은이	김재리 최소영
편집	김재리
그림	최소영

발행처	예꿈교육
주소	서울특별시 금천구 가산디지털2로 98, 2동 1107호
카페	cafe.naver.com/jdreamchildren
E-mail	jdchildren@naver.com
등록	2015. 3. 2. 제25100-2015-000017호
가격	21,000원

ISBN 979-11-87624-14-1

ISBN 979-11-87624-12-7 (세트)

ⓒ 예꿈교육, 2021

이 책은 저작권법에 의하여 보호를 받는 저작물이므로 무단 전재, 복제, 발췌를 금합니다.

품명 아동 도서 | 제조년월 2021년 4월 20일 | 사용연령 4세 이상 | 제조국명 대한민국
제조자명 예꿈교육 | 주소 서울특별시 금천구 가산디지털2로 98, 2동 1107호

부록 1 _ 잘라서 사용하세요.

 거북이의 얘기를 잘 듣고, 어떤 일이 있었는지 알아보세요.

부록 1

 큰부리새의 얘기를 잘 듣고, 어떤 일이 있었는지 알아보세요.

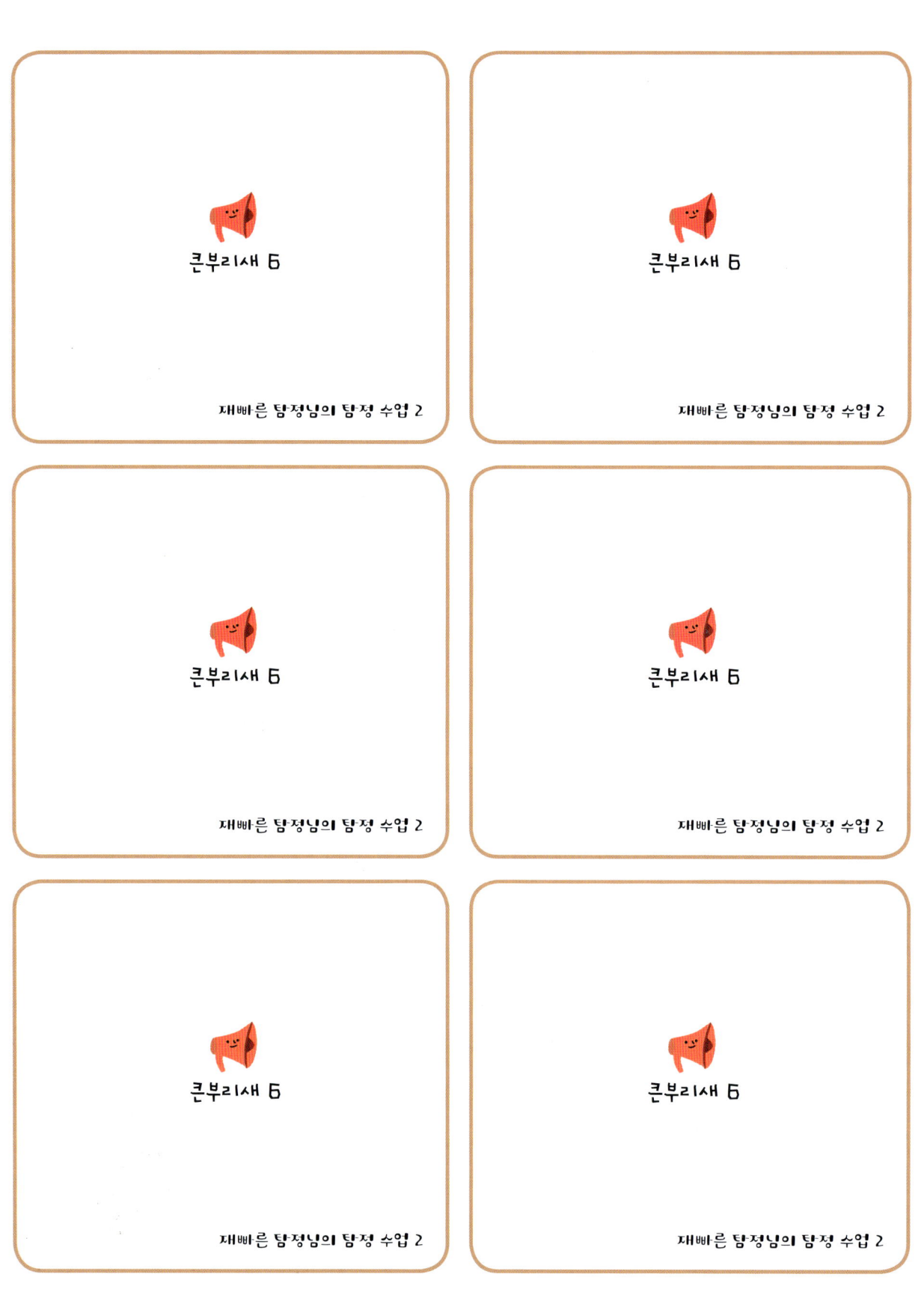

부록 2 _ 스티커

탐정 배지를 보아라! 10쪽

방에 3 지호가 해야 할 일들을 듣고, 부록 123쪽의 스티커를 순서대로 붙여보세요. 68쪽

잘 듣고 물건들을 제자리에 놓아주세요. 부록 125쪽의 스티커를 붙여주세요. 70쪽

📢 엄마, 아빠가 각각 무엇을 사 오셨는지 아까 들었던 내용을 기억해서 떠올려보세요. 77쪽

📢 엄마의 말을 잘 듣고, 부록 127쪽의 스티커를 붙여서 냉장고 안을 완성해주세요. 81쪽

 엄마의 말을 잘 듣고, 부록 129쪽의 스티커와 색연필을 가지고 마카롱을 꾸며주세요. `83쪽`

 유리의 말을 잘 듣고 로하의 자리를 찾아서 부록 129쪽의 수첩 스티커를 붙여주세요. `97쪽`

 로하네 집에 부록 129쪽에 있는 우유 스티커를 붙여서 표시해주세요. `105쪽`

지침서 및 듣기 지문

지침서 및 듣기 지문

| 초판 1쇄 발행 | 2021. 4. 20. |

지은이	김재리 최소영
편집	김재리
그림	최소영

발행처	예꿈교육
주소	서울특별시 금천구 가산디지털2로 98, 2동 1107호
카페	cafe.naver.com/jdreamchildren
E-mail	jdchildren@naver.com
등록	2015. 3. 2. 제25100-2015-000017호
가격	21,000원

ISBN 979-11-87624-14-1
ISBN 979-11-87624-12-7 (세트)

ⓒ 예꿈교육, 2021

이 책은 저작권법에 의하여 보호를 받는 저작물이므로 무단 전재, 복제, 발췌를 금합니다.

품명 아동 도서 | 제조년월 2021년 4월 20일 | 사용연령 4세 이상 | 제조국명 대한민국
제조자명 예꿈교육 | 주소 서울특별시 금천구 가산디지털2로 98, 2동 1107호

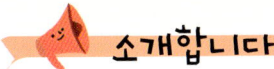 소개합니다

듣기 능력을 키워주는 재빠른 탐정님의 탐정 수업은 아동들의 주의 및 청각 작업기억 능력을 향상하기 위한 목적의 책입니다. 작업기억은 우리가 받아들인 정보를 처리하여, 우리가 흔히 '기억한다'라고 말할 때의 기억, 즉 장기기억으로 넘겨주는 역할을 합니다. 예를 들면, 우리가 새로운 외국어 단어를 학습할 때, 그 단어를 머릿속의 저장소에 아주 잠시 두게 됩니다. 이때 우리는 그 단어를 외우고자 다양한 작업을 하게 됩니다. 계속해서 그 단어를 암송하거나, 기존에 알고 있던 단어와 연결한다거나, 손으로 써보거나 하는 등의 작업을 통해 그 단어를 외우고 장기적으로 기억하게 됩니다. 만약 그렇게 노력하지 않는다면 우리는 그 단어를 기억할 수 없고 아주 짧은 시간 이후 잊어버리게 될 것입니다. 새로운 정보를 단기적으로 기억 속에 담고 작업하여 장기기억으로 넘기는 그 공간을 작업기억이라고 합니다. 특히, 그중에서도 아동들에게 중요한 기억은 청각 작업기억입니다. 시각적으로 제시되는 외부 자극은 비교적 그 자리에 머물러있는 것에 비해, 청각적인 자극은 순식간에 사라져버려서 우리의 기억 속에 담겨있지 않는다면 기억하기가 더 어렵습니다. 만약 아동이 학교에서 수업을 들을 때, 선생님이 들려주는 내용에 주의를 기울이고 그것을 기억에 담아 처리할 수 없다면 학습할 수 있을까요? 부모님이 심부름을 시켰을 때, 그 말에 주의를 기울이고 머릿속에 유지하지 못한다면 심부름을 할 수 있을까요? 친구들과 대화를 하면서 수없이 주어지는 정보들에 계속 주의를 기울이고 생각할 수 없다면 얼마나 대화를 유지할 수 있을까요? 따라서 청각적 주의와 작업기억을 늘려주는 것은 아동들의 학습, 사회성을 넘어서 전반적인 삶의 영역에서 중요한 역할을 할 것입니다. 이 책은 이러한 능력을 길러줄 수 있는 다양한 활동을 담고 있습니다.

학습의 핵심 중 하나는 반복입니다. 하지만 반복은 때로 지루함을 느끼게 하고, 그래서 학습의 또 다른 핵심인 동기를 놓치게도 합니다. 이 책은 반복과 동기, 이 두 가지를 모두 놓치지 않게 하도록 구성했습니다. 아주 재미있게, 반복하는지도 모르게 반복 연습을 할 수 있게 아동들의 호기심을 자극하는 흥미로운 자료와 이야기를 소재로 삼았습니다. 또한 효과적으로 기억할 수 있는 전략을 자연스럽게 길러주기 위해 시각, 청각, 소근육 등을 복합적으로 사용하도록 하며, 이러한 전략이 익숙해지도록 하여 학습의 효과를 높이도록 했습니다. 부모님이 그만하라고 해도 다음 이야기가 궁금해서 계속하겠다는 아동의 모습을 관찰하실 수 있을 것입니다.

활용 방법

유튜브(YouTube)에 있는 음성파일을 들으면서 아동 혼자 책을 활용할 수 있습니다. 듣기 활동에 필요한 음성이 예꿈교육 유튜브 채널에 동영상으로 제공되므로, 아동 혼자서 파일을 들으며 활동을 해나갈 수 있습니다.

다만, 아동이 듣기 활동에 어느 정도 숙련되어 있어서 혼자 학습하는 것이 어렵지 않을 때만 혼자서 하도록 해주세요. 만약 듣기에 어려움이 있다면, 부모님 또는 선생님께서 아동이 익숙해질 때까지 함께 진행해주시기를 권고드립니다. 혼자 할 수 있는 경우라도, 아동은 자신을 가르쳐주는 어른과 학습할 때 더 많이 배울 수 있으므로, 부모님이나 선생님과 함께할 때 이 책의 효과가 더욱 크게 발휘될 것입니다.

이 책의 듣기 활동들은 아동에 따라서 조금 어려울 수 있기 때문에 다음과 같이 난이도를 조절하여 진행할 수 있도록 구성하였습니다. 정확한 판단이 어렵다면, 지금 간단한 검사를 통해 아동의 수행을 확인해보세요. 예를 들면, 몇 개의 사물 이름을 들려만 준 뒤 모두 찾아오게 해보거나, 짧은 이야기를 들려주고 기억해서 이야기하도록 해볼 수 있습니다.

1 책의 내용을 그대로 진행할 아동 : 재생목록 1
- 짧은 이야기를 집중해서 들을 수 있는 아동
- 단어나 짧은 어구를 들려줄 때, 4~6개 정도로 기억을 할 수 있는 아동

2 도움이 조금 더 필요한 아동 : 재생목록 1 - 1
- 다른 사람이 말을 할 때 잘 집중하지 않거나 주의가 아주 쉽게 흐트러지는 아동
- 시각 자극 없이 단어를 들려줄 때 3~4개 이하로만 기억을 할 수 있는 아동

부모님, 선생님이 함께 진행할 때는 해당하는 동영상을 들려주시거나 듣기 지문에 표시되어 있는 대로 아이 수준에 맞춰 지문을 나누어 들려주시면 됩니다. 아동 혼자서 진행할 때는, 초기에 아동에게 들어야 할 재생목록을 알려주셔서 해당하는 영상을 찾아 듣도록 해주시면 됩니다. 또한 다음 장에 각각의 과제를 아동의 수준에 따라 어떻게 진행하는 것이 좋은지 방법을 안내하였습니다. 내용을 참고하여 난이도를 조절해주세요.

본문 예시

- 책을 읽는 아동이 재빠른 탐정님의 조수가 되어 사건을 해결해나가는 것이 이야기의 큰 틀입니다. 아동은 탐정 이야기를 따라가면서 다양한 듣기 활동을 하게 됩니다.
- 이야기를 읽다가 듣기 질문이 나오면 유튜브 재생목록에서 해당하는 동영상을 재생합니다. 음성 파일을 들으며 내용에 맞게 활동을 진행하면 됩니다.

> 📢 **보석 7**. 잘 듣고 색연필과 부록의 스티커를 이용해 셰이크를 꾸며주세요.

재빠른 탐정님의 탐정 수업 1에서 **보석 7** 동영상을 클릭합니다. 좀 더 쉬운 버전의 음성을 들으려면 **재빠른 탐정님의 탐정 수업 1-1**에서 **보석 7-1** 동영상을 들으면 됩니다.

- 부모님이나 선생님께서 함께해주실 때는 해당하는 동영상을 재생하셔도 좋고, 해설지에 나와 있는 듣기 지문을 직접 읽어주셔도 좋습니다.

해설지 예시

6. 지시따르기 | 보석 7. 잘 듣고 색연필과 부록의 스티커를 이용해 셰이크를 꾸며주세요. | **45쪽**

이렇게 들려주세요. ① 초콜릿색 셰이크를 가장 먼저 담고, 그다음으로 노란색 셰이크와 주황색 셰이크를 차례대로 담아주게. ② 주황색 셰이크에는 귤 두 조각을, 노란색 셰이크에는 남은 바나나와 사과를 넣어주거나. ③ 그런 다음, 하늘색 셰이크를 담고 초콜릿 시리얼을 듬뿍 넣어주게. ④ 마지막으로 분홍색 셰이크를 담고 체리 한 개를 올려 장식해 주면 좋겠군.

- 문제마다 어떤 듣기 활동인지 활동명이 제공되어 있습니다.
  활동명을 확인한 뒤, 다음 장에 나오는 상세한 활동 가이드를 참고하여 진행합니다.
  - 해설지에는 듣기 지문이 제공됩니다. 부모님이나 선생님께서 직접 지문을 읽어주실 때 난이도 조절이 용이하도록 긴 지문을 숫자로 나누어 표시해두었습니다. 아동의 듣기 실력에 맞게 한 번에 읽어주는 양을 조절해주시면 됩니다.

듣기 활동 목록

본 책에 제공되는 듣기 활동들은 다음과 같습니다.

1. 듣고 그대로 기억하기: 숫자/글자/단어
2. 듣고 거꾸로 기억하기: 숫자/글자/단어
3. 듣고 순서대로 재배열하기: 숫자/글자/단어
4. 듣고 세부내용 기억하기
5. 듣고 이야기 순서 맞추기
6. 듣고 지시 따르기: 위치 찾기/길 찾기/색칠하기/그리기 등
7. 듣고 이상한(또는 틀린) 부분 찾기
8. 듣고 판단하기: 사람 찾기/동물 찾기/사물 찾기/순서 찾기 등
9. 듣고 이해하기: 이야기/설명
10. 듣고 요약하기
11. 수수께끼
12. 듣기 게임: 청기백기, 교실에 가면~, 낱말퍼즐
13. 듣고 음운 인식하기

듣기 활동 안내

1. 그대로 기억하기: 숫자/글자/단어

숫자/글자/단어를 듣고 기억하는 과제입니다. 3~5개의 숫자/글자/단어들이 한 세트로 구성되어 있고, 한 세트씩 듣고 기억하여 그대로 따라 말하거나 책에 적어보는 활동입니다. 활동마다 2~5개의 듣기 세트가 있어 반복 연습을 할 수 있습니다. 한 세트를 들려주실 때 1초에 한 개씩 숫자/글자/단어를 들려주시고, 해당 세트의 모든 숫자/글자/단어를 다 들려준 뒤 아동이 기억해서 다시 말하거나 쓰도록 해주세요. 그런 다음에 다음 세트로 넘어갑니다. 듣는 중간에 숫자/글자/단어를 말하거나 쓰지 않고, 끝까지 다 들은 뒤 회상하도록 해주세요. 아동이 숫자/글자/단어를 하나 못 들었다고 한다면, 그것만 들려주시지 말고 한 세트 전체를 다시 불러주세요. 아동이 이 활동을 아주 잘한다면, 응용도 가능합니다. 예를 들면, 두 세트를 한 번에 들려준 뒤 회상하게 하거나, 중간에 다른 숫자/글자/단어를 넣어 불러주고 그 숫자/글자/단어를 빼고 회상하게 한다거나, 들은 뒤 바로 말하거나 쓰게 하지 말고 시간이 조금 지연된 뒤에 떠올리게 할 수 있습니다.

1 책의 내용을 그대로 진행할 아동: 필요하다면 책에 제시된 **시각 자극***을 보면서 들을 수 있게 해주세요. 숫자/글자/단어 자극은 위의 설명대로 세트별로 들려주며 진행해주세요.

1-1 도움이 필요한 아동: 늘 책에 제시된 시각 자극을 같이 주세요. 그래도 아동이 어려워한다면 일부 숫자/글자/단어를 미리 써놓고 시작하거나, 전체를 한 번에 들려주지 않고 한 세트를 반으로 나눠서 2~3개를 먼저 듣고 중간에 회상하도록 해주세요. 세트를 통째로 여러 번 반복해서 들려줄 수도 있습니다.

2. 거꾸로 기억하기: 숫자/글자/단어

숫자/글자/단어를 듣고 기억하되, 거꾸로 회상하여 나중에 들은 것부터 말하거나 쓰는 과제입니다. 3~5개의 숫자/글자/단어들이 한 세트로 구성되어 있고, 활동마다 2~5개의 듣기 세트가 있어 반복 연습을 할 수 있습니다. 한 세트를 들려주실 때 1초에 한 개씩 숫자/글자/단어를 들려주시고, 해당 세트의 모든 숫자/글자/단어를 다 들려준 뒤 아동이 기억해서 마지막에 들은 것부터 거꾸로 다시 말하거나 쓰도록 해주세요. 그런 다음에 다음 세트로 넘어갑니다. 듣는 중간에 숫자/글자/단어를 말하거나 쓰지 않고, 끝까지 다 들은 뒤 말하거나 쓰도록 해주세요. 아동이 숫자/글자/단어를 하나 못 들었다고 한다면, 그것만 들려주시지 말고 한 세트 전체를 다시 불러주세요. 아동이 이 활동을 아주 잘한다면, 응용도 가능합니다. 예를 들면, 두 세트를 한 번에 들려준 뒤 거꾸로 회상하게 하거나, 들은 뒤 바로 말하거나 쓰게 하지 말고 시간이 조금 지연된 뒤에 떠올리게 할 수 있습니다.

2 책의 내용을 그대로 진행할 아동: 필요하다면 책에 제시된 시각 자극을 보면서 들을 수 있게 해주세요. 위 설명대로 세트별로 청각 자극을 듣고 거꾸로 바꾸어 산출하게 해주세요.

2-1 도움이 필요한 아동: 늘 책에 제시된 시각 자극을 같이 주세요. 들은 내용을 거꾸로 기억하는 것은 듣기가 힘든 아이들에게 매우 어려울 수 있어요. 따라서 그대로 기억하는 과제로 바꾸어 주셔도 좋습니다. 아동이 어려워한다면 일부 숫자/글자/단어를 미리 써놓고 시작하거나, 전체를 한 번에 들려주지 않고 세트를 나눠서 2~3개를 먼저 듣고 중간에 회상하도록 해주세요. 세트를 통째로 여러 번 반복해서 들려줄 수도 있습니다.

시각 자극: 해설지에 있는 '시각 자극'이란, 시각적으로 확인할 수 있는 모든 도움 자료를 말합니다. 책 본문에서 제공하는 그림, 지문, 글자 힌트, 정답을 쓸 수 있는 빈칸 등과 책 부록의 그림 카드, 스티커 등이 모두 포함될 수 있으며, 때때로 부모님 또는 선생님께서 과제를 조금 더 쉽게 해주시기 위해서 일부분을 채워놓는 것도 시각 자극이 될 수 있습니다.

3. 듣고 순서대로 재배열하기: 숫자/글자/단어

이 활동은 숫자/글자/단어를 듣고 기억하는 과제의 응용된 형태로, 머릿속에서 들은 정보를 조작해 순서대로 재배열한 뒤 회상해내는 과제입니다(예: 들은 단어를 가나다 순으로 배열하기, 들은 동물 이름을 크기가 작은 것부터 다시 말하기). 마찬가지로 3~5개의 숫자/글자/단어들이 한 세트로 구성되어 있고, 활동마다 2~5개의 듣기 세트가 있어 반복 연습을 할 수 있습니다. 한 세트를 들려주실 때 1초에 한 개씩 숫자/글자/단어를 들려주시고, 해당 세트의 모든 숫자/글자/단어를 다 들려준 뒤, 아동이 순서대로 재배열해서 회상하도록 합니다. 그런 다음에 다음 세트로 넘어갑니다. 아동이 숫자/글자를 하나 못 들었다고 한다면, 그것만 들려주시지 말고 한 세트 전체를 다시 불러주세요. 아동이 이 활동을 아주 잘한다면, 응용도 가능합니다. 예를 들면, 두 세트를 한 번에 들려준 뒤 회상하게 하거나, 중간에 다른 숫자/글자/단어를 넣어 불러주고 그 숫자/글자/단어를 빼고 회상하게 한다거나, 들은 뒤 바로 말하거나 쓰게 하지 말고 시간이 조금 지연된 뒤에 떠올리게 할 수 있습니다.

3 책의 내용을 그대로 진행할 아동: 필요하다면 책에 나와 있는 시각 자극을 먼저 준 다음 듣기 과제를 시작하도록 해주세요. 위 설명대로 듣기 자극은 한 세트씩 들려주시고, 들은 내용을 시각 자극을 활용해서 재배열하거나 머릿속으로 재배열하여 답하도록 하면 됩니다.

3-1 도움이 필요한 아동: 책에 나와 있는 시각 자극을 먼저 준 다음, 듣기 전에 문제를 푸는 데 힌트가 될 내용에 대해 미리 이야기 나누세요. 예를 들어, 크기대로 배열하는 과제라면, 어떤 것이 가장 작고 어떤 것이 가장 큰지를 순서대로 먼저 이야기한 다음 듣기 활동을 시작하세요. 예를 들어, 가나다 순으로 글자를 배열하는 과제라면, 먼저 '가나다…'를 순서대로 써보면서 글자의 순서를 확인하도록 해주세요. 또한 한 세트 안에서도 단어의 개수를 조절할 수 있습니다. 전체를 한 번에 들려주지 않고 2~3개를 먼저 듣고 순서대로 회상해 보도록 해주세요.

4. 듣고 세부내용 기억하기

짧은 문단을 들으면서 세부적인 내용을 찾는 과제입니다. 들려주는 문단이 본문에 글로 제시되어 있으며, 아동이 주의 깊게 들어야 할 부분이 빈칸으로 되어 있습니다. 아동은 들은 내용을 떠올리며 빈칸에 들어갈 내용을 말하거나 쓰면 됩니다. 한 번에 들려주는 문장의 수는 아동의 듣기 수준에 따라 조절이 가능합니다. 나누어 들려주기 용이하도록 문장마다 번호가 표시되어 있습니다. 만약 아동이 못 들었다고 하면, 빈칸에 들어갈 내용만 들려주시는 게 아니라, 해당하는 문장 전체를 다시 들려주세요. 아동이 이 활동을 아주 잘한다면, 응용도 가능합니다. 예를 들면, 아예 시각 자극 없이 책을 덮은 뒤, 다 들은 후에 빈칸을 채우게 해주세요.

4 책의 내용을 그대로 진행할 아동: 시각 자극을 보면서 들을 수 있게 해주세요. 위 설명대로 문단 전체를 처음부터 끝까지 다 들려주시고, 그 다음에 빈칸을 채우게 해주세요.

4-1 도움이 필요한 아동: 책의 시각 자극을 먼저 보여주세요. 그런 다음 문장을 하나씩 들려주고, 빈칸을 채우게 해주세요. 그리고 다음 번호의 문장으로 넘어가주세요. 어려워한다면 문장을 들려줄 때 빈칸에 들어갈 단어를 강조해서 들려주세요. 유튜브 음성을 활용할 경우에는 해당 단어가 나오기 전에 재생을 잠시 멈추고, 이제부터 잘 들어보라는 지시를 해주시거나, 또는 단어를 들은 뒤 잠깐 멈추고 어떤 단어가 나왔었는지 한번 더 얘기해 주시는 방법으로 난이도 조절이 가능합니다.

5. 듣고 이야기 순서 맞추기

    긴 문단을 듣고 이야기의 순서를 기억하여 6컷으로 이루어진 장면 그림의 순서를 찾는 활동입니다. 한 번에 들려주는 문장의 수는 아동의 듣기 수준에 따라 조절이 가능합니다. 나누어 들려주기 용이하도록 문장마다 번호가 표시되어 있습니다. 만약 아동이 못 들었다고 하거나 놓친 내용이 있다면, 해당하는 문장이 아닌 이야기 전체를 다시 들려주세요. 아동이 이 활동을 아주 잘한다면, 응용도 가능합니다. 예를 들면, 장면 그림을 미리 보여주지 않고 이야기를 들려준 다음 그림을 주어 순서를 맞추게 할 수 있습니다. 또는 그림을 주지 않고 요약해서 말하는 방식으로도 진행할 수 있습니다.

5 책의 내용을 그대로 진행할 아동: 순서가 뒤섞인 6개의 장면 그림을 주고, 이야기를 처음부터 끝까지 모두 들려주세요. 그런 다음 해당하는 장면 그림들을 골라 순서를 맞추도록 합니다. 이야기가 다소 길어 아동이 힘들어한다면, 위 설명대로 이야기 전체를 다시 들려주도록 합니다.

5-1 도움이 필요한 아동: 순서가 뒤섞인 6개의 장면 그림을 미리 주고, 문장을 1~2개씩 들려주세요. 그런 다음 해당하는 장면 그림을 고르도록 합니다. 그다음 번호의 문장을 들려주시고 해당하는 장면 그림을 고르도록 합니다. 이렇게 해서 전체 내용을 다 들으면 자연스럽게 장면 그림 순서가 맞춰집니다.

6. 듣고 지시 따르기: 위치 찾기/길 찾기/색칠하기/그리기 등

    문단을 들은 다음, 지시에 따라 그림을 완성하거나, 스티커를 붙이거나, 주어진 그림에서 해당하는 위치를 찾아 표시하거나, 지도 그림을 보며 길을 찾아가는 등 지시를 이해하고 기억하는 과제입니다. 한 번에 들려주는 문장의 수는 아동의 듣기 수준에 따라 조절이 가능합니다. 나누어 들려주기 용이하도록 문장마다 번호가 표시되어 있습니다. 만약 아동이 기억하지 못하는 부분이 있다면, 일부가 아닌 해당하는 문장 전체를 다시 들려주세요. 아동이 이 활동을 아주 잘한다면, 응용도 가능합니다. 예를 들면, 미리 그림을 보여주지 않고, 들은 내용에만 의지하여 지시에 따르도록 할 수 있습니다.

6 책의 내용을 그대로 진행할 아동: 필요하다면 시각 자극을 보여주고 문단을 처음부터 끝까지 모두 듣게 한 다음, 지시에 따르도록 해주세요.

6-1 도움이 필요한 아동: 시각 자극을 듣기 전에 미리 보면서 그림에 있는 정보들을 파악하도록 해주세요. 그런 다음 문장을 하나씩 들려주세요. ①번에 해당하는 문장을 다 들은 다음 지시에 따르도록 하고, 계속해서 다음 번호의 문장들을 들려주시면 됩니다.

7. 듣고 이상한(또는 틀린) 부분 찾기

    짧은 문단을 듣고 이상하거나 틀린 부분을 찾아내는 활동입니다. 주로 이야기의 등장인물이 하는 말속에 틀리게 말한 단어가 있거나 말이 안 되는 내용이 있어, 아동이 그 부분을 찾아내는 방식입니다. 이 활동 또한 한 번에 들려주는 문장의 수는 아동의 듣기 수준에 따라 조절이 가능합니다. 나누어 들려주기 용이하도록 문장마다 번호가 표시되어 있습니다. 만약 아동이 못 들었다고 하거나 이상한 부분을 못 찾는다면, 그 부분이 아닌 문단 전체를 다시 들려주세요. 찾은 부분을 알맞게 고쳐서 다시 말하도록 하는 것은 좋은 추가 과제가 될 수 있습니다.

7 책의 내용을 그대로 진행할 아동: 필요하다면 시각 자극을 주고 문단을 들려준 뒤, 이상한 부분이나 틀린 부분이 있는지 찾아내도록 해주세요. 그리고 그 부분이 어떤 부분인지도 말하도록 하고, 알맞게 고칠 수 있다면 고쳐보도록 해주세요.

7-1 도움이 필요한 아동: 시각 자극을 보면서 듣게 해주세요. 틀리거나 이상한 부분은 강조해서 들려주세요. 유튜브 음성을 활용할 경우에는 해당 단어가 나오기 전에 재생을 잠시 멈추고, 이제부터 잘 들어보라는 지시를 해주시거나, 또는 단어를 들은 뒤 잠깐 멈추고 어떤 단어가 나왔었는지 한번 더 얘기해주시는 방법으로도 난이도 조절이 가능합니다. 한 번호의 문장을 들려준 다음, 이상하거나 틀린 부분이 있었는지 없었는지를 판단해서 말해보도록 하고, 그런 다음에 다음 번호로 넘어가도록 합니다.

8. 듣고 판단하기: 사람 찾기/동물 찾기/사물 찾기/순서 찾기 등

들은 정보들을 통합하여 다양한 조작 활동(비교, 대조, 순서화, 범주화, 관련 없는 내용 제외시키기, 이미 알고 있는 정보와 연결지어 사고하기 등)을 하는 과제입니다. 주어진 정보를 토대로 사람 또는 동물을 찾는 활동(예: 인상착의를 듣고 범인 찾기), 문장 간의 전후 관계를 비교하여 일이 일어난 순서를 파악하는 활동(예: 가장 늦게 집에 간 아이 찾기), 범주/상하 관계를 활용하여 관련 없는 내용을 제외시키는 활동(예: 그림 그리기 주제에 맞지 않는 단어 찾기) 등 다양한 활동이 있습니다. 듣고 내용을 회상하는 것 외에 다양한 기술이 필요하므로 아동의 고차 인지 능력을 향상시킬 수 있습니다. 다만 난이도가 어려울 수 있으므로 필요한 기술들을 따로 연습하거나 단서를 적절하게 주는 것이 필요합니다.

다른 활동과 마찬가지로 한 번에 들려주는 문장의 수를 아동의 듣기 수준에 따라 조절할 수 있고, 문장마다 번호가 표시되어 있어 임의대로 나누어 들려주기 용이합니다. 아동이 못 듣거나 어려워하는 부분이 있을 때, 해당하는 부분만이 아닌 전체 내용을 다시 들려주는 것이 좋습니다. 아동이 이 활동을 아주 잘한다면, 응용도 가능합니다. 예를 들면, 답을 말했을 때 그 답이 왜 답이 되는지를 말하도록 해서 추론 과정을 언어화해볼 수도 있습니다.

8 책의 내용을 그대로 진행할 아동: 필요하다면 시각 자극을 보여주고, 듣기 지문을 처음부터 끝까지 다 들려주세요. 그런 다음 답을 찾아내게 해주세요.

8-1 도움이 필요한 아동: 시각 자극을 미리 보면서 정보를 파악하도록 해주세요. 번호 하나에 해당하는 문장들을 들려주고 판단하는 과제를 수행하게 해주세요. 예를 들어, 문장을 듣고 누가 가장 늦게 집에 갔는지를 판단하는 과제라면 이런 식으로 진행합니다. 수미가 진호보다 늦게 갔다는 문장을 들려주고, 진호와 수미의 이름을 순서대로 쓰도록 해주세요. 그 다음에 수미가 영미보다 늦게 갔다는 문장을 들려주고, 수미 이름 다음에 영미 이름을 쓰도록 해주세요.

9. 듣고 이해하기: 이야기/설명

긴 문단을 듣고 이야기 또는 설명에 담긴 중요한 정보들을 기억해서 질문에 답을 하는 활동이에요. 다른 활동과 마찬가지로 한 번에 들려주는 문장의 수를 아동의 듣기 수준에 따라 조절할 수 있고, 문장마다 번호가 표시되어 있어 임의대로 나누어 들려주기 용이합니다. 아동이 못 듣거나 어려워하는 부분이 있을 때, 해당하는 부분만이 아닌 전체 내용을 다시 들려주는 것이 좋습니다.

9 책의 내용을 그대로 진행할 아동: 번호에 상관없이 모든 이야기를 처음부터 끝까지 들려주세요. 그런 다음에 질문을 하나씩 들려주며 응답하게 해주세요.

9-1 도움이 필요한 아동: 문장을 하나씩 들려주세요. 그런 다음 해당 번호 문장과 같은 번호의 질문을 바로 이어서 해주세요. 그 다음에 또 다른 문장을 듣고 질문에 답하도록 해주세요.

10. 듣고 요약하기

짧은 문단을 듣고 이야기 또는 설명에 담긴 중요한 정보들을 기억해서 요약해서 다시 말하는 활동이에요. 한 두 줄로 요약해서 말하도록 해주세요. 이 내용은 듣기보다는 조작하여 줄이는 능력이 중요하기 때문에 난이도를 나누어 설명하지 않았습니다. 도움이 필요한 아동이라면 여러번 들려주시는 방법으로 진행해주세요.

11. 수수께끼

수수께끼 활동은 힌트가 되는 문장을 한 문장씩 들으면서 정답이 무엇인지 찾는 과제입니다. 문장을 적게 듣고 답을 찾을수록 사고를 잘한다는 의미이기 때문에, 많은 양을 듣고 기억할수록 난이도가 높아지는 지금까지의 활동들과는 다른 유형의 활동입니다. 따라서 본 과제는 앞의 활동들처럼 듣기 실력으로 난이도를 구분해두지 않았습니다. 한 문장씩 듣고 문제를 맞혀보게 해도 되고, 필요에 따라 전체 문장을 다 들려주고 문제를 풀도록 해도 좋습니다.

12. 듣기 게임: 청기백기, 교실에 가면~, 낱말퍼즐

아주 재미있고 자연스럽게 듣기 연습을 할 수 있는 게임 활동들입니다. 난이도는 게임의 진행 속도로 조절해주시면 됩니다. 게임을 하면서 아동이 주의를 집중할 수 있도록 해주시고 이기고자 하는 동기를 북돋아 주세요. 아동이 어려워한다면 아주 천천히 게임을 진행해주시고(예: 청~기~ 올~려~) 잘한다면 진행 속도를 더 빠르게 해주세요. 그리고 활동에 따라 달성해야 할 성공 횟수가 제시되어 있는데, 아동의 수준에 따라서 목표 성공 횟수를 조절해서 진행하시면 됩니다.

13. 듣고 음운 인식하기

음운인식 활동은 음소, 음절, 단어 수준에서 다양한 음운인식 과제를 수행하도록 구성되었습니다. 다른 활동들과는 달리 소리의 변별과 확인 단계에 초점을 맞춘 활동으로, 말소리를 찾고 합성/분리 등 여러 가지 말소리 조작 활동을 해봄으로써 음운인식 능력을 향상시키는 과제입니다. 따라서 이 과제는 청각 기억력뿐 아니라 음운인식 능력이 함께 고려되어야 하므로 청각 기억력에 따른 단계로 난이도를 나누지 않았습니다.

다만, 아동의 음운인식 능력에 따라서, 듣기만으로 자극을 제시할지, 부모님 또는 선생님께서 글자를 써 주셔서 시각적인 도움을 주실지를 조절해주세요. 어려워하는 아동에게는 글자 자극을 적절히 제시하여 진행하시고, 잘하는 아동에게는 듣기만으로 답을 찾도록 해주세요.

■ 글씨를 쓰는 활동들이 있습니다. 쓰기가 어려운 아동의 경우, 부모님(선생님)께서 도와주시거나 듣고 말하기 과제로 진행해주세요.

사건 하나.
용왕님께 드릴 토끼 간이 없어졌어요.

1. 그대로 기억하기
📢 거북이 1. 잘 듣고 전화번호를 기억해주세요. 탐정님이 오시면 알려줍시다. **14쪽**

이렇게 들려주세요. 안녕하세요? 저는 거북이예요. 제가 전화번호를 불러드릴 테니까 탐정님께 꼭 전해주세요.
① 9, 1, 2, 8, 5   ② 0, 2, 7, 4, 2   ③ 0, 3, 9, 7, 1   ④ 1, 0, 8, 4, 6

2. 거꾸로 기억하기
📢 거북이 2. 전화번호를 잘 듣고, 이번에는 순서를 거꾸로 적어주세요. **15쪽**

이렇게 들려주세요.
① 7, 8, 2   ② 0, 9, 4   ③ 9, 3, 6   ④ 3, 2, 7

1. 그대로 기억하기, 6. 지시따르기
📢 거북이 3. 잘 듣고 탐정님이 부르지 않는 물건에 X표시를 해서 빼주세요. **16쪽**

이렇게 들려주세요. 내가 필요한 것들을 불러주겠네.
①번 가방에는 '양말, 모자, 커피잔, 지우개'가 들어가야 하네.
②번 가방에는 '꽃, 도넛, 휴대폰, 안경'이 들어가야 하네.
③번 가방에는 '바나나, 돋보기, 볼펜, 바지'가 들어가야 하네.

5. 이야기 순서 맞추기
📢 거북이 4. 거북이의 얘기를 잘 듣고, 어떤 일이 있었는지 알아보세요. **18쪽**

이렇게 들려주세요. ① 그게 어떻게 된 일이냐면요. 용왕님께서 몹시 편찮으신데, 병이 나으려면 토끼의 간이 필요하다는 거예요. 그래서 용왕님께서 저에게 토끼의 간을 가져오라고 하셨어요. 저는 육지를 향해 헤엄쳐 올라갔어요. 오랫동안 헤엄을 쳐서 그런지 배가 너무 고팠어요. 그래서 전 가방에서 바나나를 꺼내 먹었어요. ② 그랬는데도 배가 고파서 당근도 먹었어요. 당근을 먹는데 냄새를 맡고 다람쥐들이 왔어요. 다람쥐들은 당근을 달라고 했지만 전 주지 않았어요. ③ 그리고 얼마 안 돼서 당근 냄새를 맡고 토끼도 왔어요. 마침 잘 됐지 뭐예요. 전 토끼에게 당근을 주고 간이랑 바꾸자고 했어요. 그리고 간을 받아서 바다로 돌아왔어요. 그런데 그 간이 감쪽같이 없어졌지 뭐예요.

6. 지시 따르기

 거북이 5. 거북이의 말을 잘 듣고 사건 현장을 색칠해서 완성해보세요.   20쪽

이렇게 들려주세요. ① 지금부터 하나씩 말해볼게요. 냉장고는 빨간색인데, 손잡이는 노란색이죠.
② 싱크대 위에 있는 딸기는 초록색이지만, 싱크대 아래에 있는 딸기는 보라색이에요.
③ 사과가 있는 식탁은 분홍색이고, 바나나가 있는 식탁은 사과랑 색이 같아요.
④ 사과는 연두색이고, 바나나는 갈색이었어요.
⑤ 쓰레기통은 여러 색깔이 섞여 있는데 노란색과 초록색은 있고 빨간색은 없어요.

1. 그대로 기억하기

 거북이 6. 탐정님의 말씀을 잘 듣고 암호를 적어보세요.   22쪽

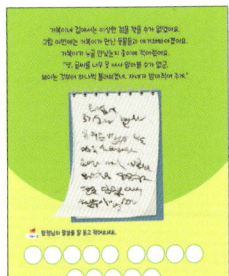

이렇게 들려주세요. 잘 들어보게.
① 쥐, 끼, 람, 토, 다
② 치, 어, 문, 갈
③ 어, 개, 오, 조, 징

도움말. 아이가 음절을 합성해서 단어 만드는 활동을 어려워한다면 힌트를 줄 수 있어요. 예) '토' 찾았다, '토' 다음에 무슨 글자가 오면 동물 이름이 될까? [정답] 다람쥐, 토끼, 문어, 갈치, 조개, 오징어

7. 틀린 부분 찾기

 거북이 7. 동물들의 이야기를 듣고, 틀리게 말한 단어가 각각 몇 개인지 써보세요.   24쪽

이렇게 들려주세요.
① 문어가 말했어요. "바다에서 놀고 있는데, 거북이가 깡 쪽으로 헤엄쳐 가더라고요. 난 물 밖으로 나갈 수 없어서 그냥 보고만 있었어요. 그 거북이는 도란색 가방을 메고 있었어요."
② 갈치가 말했어요. "나는 거북이네 옆집에 산다네. 그러니까 이오라고 할 수 있지. 거북이네 집은 아주 조용했어. 그래서 거북이가 어디 갔나 궁금했었지."
③ 조개가 말했어요. "뽀끔 뽀끔 뽀끔"
④ 토끼가 말했어요. "그래요, 내가 그 거북이를 만났어요. 거북이가 나한테 그 당초를 준다고 해서 고맙다고 했어요. 거북이는 가람에서 당근을 꺼내서 나한테 줬어요."
⑤ 다람쥐가 말했어요. "내가 봤을 때, 그 도북이는 나바나를 먹고 있었어요. 배가 고팠는지 아주 맛있게 억고 있더라고요. 그게 다예요."
⑥ 오징어가 말했어요. "거북이 그 친구는 내가 아주 잘 알지. 그 친구가 아주 낙한 친구라고. 그리고 참 민절해. 늘 인사를 잘하거든."

9. 이야기 이해하기

 거북이 8. 거북이의 말을 잘 듣고 질문에 답해보세요.   27쪽

이렇게 들려주세요. ① 제가 당근을 먹고 있을 때, 마침 토끼가 냄새를 맡고 와서 배가 고프다고 했어요. ② 전 토끼한테 간과 당근을 바꾸자고 말했고, 토끼도 알겠다고 했어요. ③ 토끼가 큰 귀에서 간을 네 개 꺼내더니, 하나를 저에게 주고 나머지는 도로 넣었어요. ④ 토끼의 간은 예쁜 초록색이었고, 아주 작은 구슬 모양이었어요. ⑤ 간을 잃어버리면 안 되니까 가방에 잘 넣은 다음, 가방끈을 꽁꽁 묶었어요. ⑥ 그리고서 바로 바다로 돌아왔는데, 와서 보니까 토끼 간이 없더라고요.

질문 1. 토끼를 만났을 때 거북이는 무엇을 먹고 있었나요?
질문 2. 거북이와 토끼는 무엇과 무엇을 바꾸기로 했나요?
질문 3. 토끼는 간을 어디에서 꺼냈나요?
질문 4. 토끼의 간은 어떻게 생겼나요?
질문 5. 거북이는 토끼의 간을 잃어버리지 않기 위해 어떻게 했나요?
질문 6. 토끼의 간이 없어진 것을 거북이는 언제 알게 되었나요?

---

8. 판단하기 거북이 9. 토끼의 말을 잘 듣고, 토끼가 사는 굴이 어디인지 찾아주세요. 29쪽

이렇게 들려주세요.
① 저는 노란색 동굴에 살고 있지 않아요.
② 저는 파란색 동굴 근처에 살고 있지 않아요.
③ 저는 빨간색 동굴 근처에 살아요.
④ 저는 초록색 동굴이랑 분홍색 동굴 사이에 살아요.

도움말. [정답] 2번 동굴

---

10. 요약하기 거북이 10. 토끼의 이야기를 잘 듣고, 어떻게 된 일인지 요약해서 말해보세요. 30쪽

이렇게 들려주세요. 글쎄요. 저는 거북이한테 당근을 받긴 했지만 제 간을 줬다고 말한 적은 없어요. 간을 떼어버린다면 제가 어떻게 살아있겠어요? 거북이가 저한테 간을 받았다고 했다면 그건 거짓말이에요. 전 사실 간을 주는 척만 한 다음, 깡충깡충 뛰어서 도망쳐버렸는걸요.

도움말. [정답] 예시: 토끼는 거북이한테 당근을 받고 그냥 도망쳐버렸어요. 거북이가 토끼의 간을 받았다고 말한 건 거짓말이에요.

---

13. 음운 인식하기 거북이 11. 먼저 탐정님이 불러주는 단어를 잘 듣고 아래에 적어보세요. 33쪽

이렇게 들려주세요. 내가 글자의 순서를 거꾸로 불러줄 테니, 머릿속에서 순서대로 바꿔서 단어를 만들어보도록 하게. ① 마, 구, 고 ② 슴, 가, 새 ③ 비, 깨, 도 ④ 질, 치, 양

도움말. [정답] 고구마, 새가슴, 도깨비, 양치질.

거북이 12. 탐정님 말씀을 잘 듣고 의사 선생님이 누군지 거북이에게 알려주세요.

이렇게 들려주세요. ① 맨 앞 칸에는 1번 단어의 첫 번째 글자를 쓰게나. ② 다음은 2번 단어에서 세 번째 글자를 쓰게. ③ 다음은 3번 단어에서 첫 번째 글자를 쓰게. ④ 마지막으로 4번 단어에서 두 번째 글자를 써보게나.

도움말. [정답] 고슴도치

사건 둘.
큰부리새의 부리가 엉망이 되었어요.

3. 순서대로 재배열하기
📢 **큰부리새 1.** 뒤죽박죽된 좌석 번호를 잘 듣고 기억해서 비행기 표에 적어주세요. `40쪽`

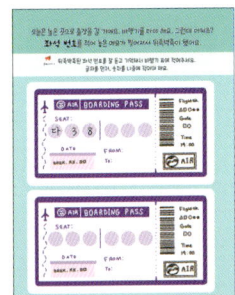

이렇게 들려주세요. 잘 듣고 글자가 앞에 오도록 머릿속으로 생각한 다음, 차례대로 비행기 표에 적어보세요.
(예시) ① 3, 다, 8 -> 다, 3, 8
② 카, 2, 마   ③ 6, 차, 1   ④ 9, 자, 나

도움말. 수행을 잘 하는 아이들에게는 글자끼리의 순서, 숫자끼리의 순서도 생각해서 나열하도록 해주세요. 예를 들면, 두 번째 좌석의 경우, '카마2'라고 해도 되지만, 글자의 순서도 고려해서 '마카2'라고 답하게 할 수 있습니다.

3. 순서대로 재배열하기
📢 **큰부리새 2.** 이번에도 글자와 숫자를 잘 듣고 기억한 다음 적어주세요. `41쪽`

이렇게 들려주세요. 탑승구 번호를 잘 듣고, 탐정님께 알려주세요. 이번에는 숫자가 앞에 오고 글자가 뒤로 가는 거예요.
(예시) 3, 다, 8 -> 3, 8, 다
① 하, 5, 7, 라, 1   ② 바, 3, 타, 9, 가

도움말. 앞의 활동처럼 숫자를 먼저 오게만 해도 되고(예-571하라), 숫자끼리/글자끼리도 순서대로 배열하도록 할 수 있습니다(예-157라하). 아이의 수준에 맞게 활동을 정해서 난이도를 조절해주세요.

1. 그대로 기억하기, 8. 판단하기
📢 **큰부리새 3.** 어느 구름으로 가야 할지 잘 듣고 선을 그어 연결해주세요. `42쪽`

이렇게 들려주세요. 지금부터 어떤 구름 위를 날아가야 할지 들려줄게요. 다 듣고 나서 선으로 구름을 연결해보세요.
① 거울, 나무, 가방, 모자 - 어? 잠깐만요. 지금 불러준 것 중에 위험한 구름이 있었어요. 땅에서 자라는 것에는 선을 그으면 안 돼요. 그건 빼고 선을 연결해주세요.
② 신발, 책상, 사과, 필통 - 이 중에서는 나무에 열리는 것이 위험해요. 그건 빼고 선을 연결해주세요.
③ 우유, 시계, 물감, 춤 - 이 중에서 먹어도 되는 것은 빼고 선을 연결해주세요.
④ 편지, 열쇠, 교실, 사탕 - 이 중에서 가장 큰 것을 빼고 선을 연결해주세요.

도움말. 어려워하는 아동의 경우에는 항목을 더 적게 들려주시면 됩니다(동영상 3-1).

6. 지시 따르기
📢 **큰부리새 4.** 큰부리새의 설명을 잘 듣고, 부리가 어떤 상태인지 색연필을 이용해 완성해보세요. `45쪽`

이렇게 들려주세요. ① 자고 일어나 보니까 제 부리가 엉망이 돼 있었어요. 눈하고 가장 가까운 칸은 주황색으로 칠해져 있었고, 부리 맨 끝부분은 파란색으로 칠해져 있었어요. ② 주황색 칸 옆에는 초록색 동그라미 한 개가 그려져 있었어요. ③ 아! 그리고 파란색 칸 옆에는 보라색 세모가 두 개 그려져 있었어요. ④ 동그라미가 있는 칸은 바탕에 분홍색이 칠해져 있었고, 보라색 세모가 있는 칸은 바탕에 빨간색 줄무늬가 칠해져 있었어요.

8. 판단하기

 큰부리새 5. 잘 듣고 부리의 낙서를 지우는 데 필요한 것들을 모두 찾아 동그라미 해보세요. **47쪽**

이렇게 들려주세요.
① 식초는 세모 무늬를 지울 수 있지만, 동그라미 무늬는 지울 수 없어요.
② 나뭇잎에 물을 묻혀서 뿌리면 고동색을 지울 수 있어요.
③ 칫솔에 치약을 묻혀 문지르면 분홍색을 지울 수 있어요.
④ 주황색은 꿀을 바른 다음 수건으로 살살 문지르면 없어져요.
⑤ 우유는 파란색을 분홍색으로 바꿀 수 있고, 콜라는 빨간색을 주황색으로 바꿀 수 있어요.

도움말. [정답] 식초, 칫솔, 치약, 꿀, 수건, 우유, 콜라 / 남은 부분: 초록색 동그라미

5. 이야기 순서 맞추기

 큰부리새 6. 큰부리새의 얘기를 잘 듣고, 어떤 일이 있었는지 알아보세요. **48쪽**

이렇게 들려주세요. ① 오늘은 하루 종일 미술 학원에 있었어요. 저녁에 집에 돌아왔더니 좀 피곤했어요. 배가 고파서 우유를 마시고 나서 빵을 조금 먹었어요. 그리고는 샤워를 하고 바로 잠이 들었던 것 같아요. ② 원래 문을 잠그고 잤어야 하는데 깜빡하고 그냥 잠이 들었어요. 새벽에 한 번 잠에서 깨서 물을 마셨고, 그때 문이 열려있는 걸 보고 잠갔어요. ③ 문 앞에 붓이 떨어져 있는 것을 봤지만 너무 졸려서 그냥 다시 잠을 자러 갔어요. 아침에 일어나서 붓을 치웠죠.

6. 지시 따르기

 큰부리새 7. 큰부리새의 말을 잘 듣고 어젯밤과 어떤 점이 달라졌는지 찾아 동그라미 해보세요. **51쪽**

이렇게 들려주세요. ① 식탁 위에는 먹다 남긴 빵이랑 우유가 있었고 다른 건 없었어요. ② 식탁 옆에는 쓰레기통이 있었고 걸레랑 빗자루가 그 옆에 있었죠. 빗자루는 벽에 세워져 있었어요.
③ 책상 위에는 바나나 한 개와 연필 세 자루가 가지런히 놓여 있었어요.
④ 책상 위에 깨끗한 새 종이가 많이 있었어요. 그림을 그리려고 가져다 놨지만, 아직 쓰지는 않았거든요. 책상 아래에는 아무것도 없었어요.
⑤ 소파 위에는 뚜껑이 덮인 피자 박스가 있었고, 소파 옆에 있는 탁자 위에는 붓 통이랑 미술 가방이 있었어요.
⑥ 붓 통에 붓은 세 자루 들어 있었어요. 어제 너무 피곤해서 가방을 정리하지 않았기 때문에 물감들은 모두 가방 안에 둔 채 잠들었어요.

도움말. [정답] 치즈, 넘어진 빗자루, 쓰레기통에 있는 바나나 껍질, 흐트러진 연필, 책상 위 낙서 된 그림, 책상 아래 그림, 뚜껑 열린 피자 박스, 바닥에 놓인 미술 가방, 붓, 물감 (총 10곳)

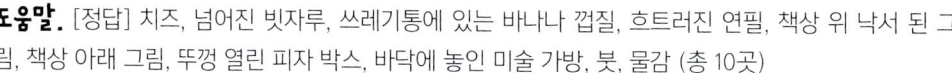

1. 그대로 기억하기

 큰부리새 8. 잘 듣고 순서대로 점을 연결해서 어떤 동물 모양인지 알아내 보세요.   52쪽

이렇게 들려주세요.

① 도, 1, 바, 노, 7
② 9, 하, 모, 3, 라
③ 8, 초, 2, 아, 6
④ 주황, 파랑, 노랑, 빨강, 보라
⑤ 갈색, 토, 5, 코, 가

도움말. [정답] 쥐

6. 지시 따르기

 큰부리새 9. 잘 듣고 쥐들이 각각 어떤 지문을 가지고 있는지 그려보세요.   55쪽

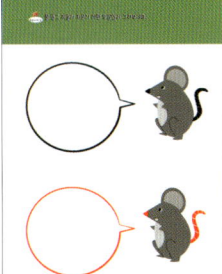

이렇게 들려주세요.

① 노란 꼬리 쥐가 말했어요. "내 지문은 큰 동그라미 안에 조금 더 작은 동그라미가 있는 모양이야. 그리고 그 안에 더 작은 네모가 있고, 그 안에 다시 세모가 있는 모양이야."
② 파란 꼬리 쥐가 말했어요. "내 지문은 큰 동그라미 안에 세모가 들어 있고, 그 안에 작은 네모 두 개가 들어 있는 모양이야."
③ 검은 꼬리 쥐가 말했어요. "내 지문은 큰 동그라미 안에 동그라미가 있고 그 동그라미 안에 또 동그라미가 있어. 그리고 그 안에 작은 세모가 있지."
④ 빨간 꼬리 쥐가 말했어요. "내 지문은 우선 큰 동그라미 안에 네모가 있는 모양이야. 네모 안에는 세모가 있고, 세모 안에는 다시 동그라미가 있어."

7. 이상한 부분 찾기

 큰부리새 10. 빨간 꼬리 쥐의 말을 잘 듣고 이상하게 말한 부분을 찾아보세요.   57쪽

이렇게 들려주세요. ① 안녕, 난 귀여운 참새예요. 난 찍찍 소리를 내는 물고기죠. 난 어제 미술 학원에서 작은부리새를 만났어요. ② 그 새는 정말 무례했어요. 내가 그림을 이상하게 그린다고 나를 얼마나 놀리던지! 그래서 난 정말 기뻤어요! 큰부리새가 미웠죠. ③ 그렇지만 거기까지예요. 내가 밤에 그 집에 들어가서 낙서를 한 건 아니에요. 내가 범인이라는 증거는 없잖아요.

9. 이야기 이해하기

 큰부리새 11. 큰부리새의 말을 잘 듣고 질문에 답해보세요.   59쪽

이렇게 들려주세요. 잠깐만요, 탐정님! ① 조사를 멈춰주세요. 빨간 꼬리 쥐가 조사받는 걸 보고, 쥐 친구들이 모든 걸 얘기해줬어요. ② 처음에는 빨간 꼬리 쥐가 제 부리를 엉망으로 만들어 놔서 화가 났었는데, 그냥 용서해주려고 해요. ③ 물론 빨간 꼬리 쥐가 잘못한 거지만, 제가 먼저 그림을 못 그린다고 빨간 꼬리 쥐를 놀린 건 사실이니까요. ④ 그리고 이 친구들이 낙서가 된 부리가 참 멋있었다고 하니까 부리에 그림을 그리는 게 그렇게 나쁜 일은 아닌 것 같기도 해요. ⑤ 여기 있는 세 마리 쥐들이 다시 부리에 그림을 그려줬는데 마음에 들어요. 어떤가요, 탐정님?

질문 1. 큰부리새는 탐정에게 무엇을 멈추라고 했나요?
질문 2. 큰부리새는 빨간 꼬리 쥐를 어떻게 하고 싶은가요?
질문 3. 큰부리새는 빨간 꼬리 쥐를 어떻게 놀렸나요?
질문 4. 다른 쥐들은 큰부리새의 낙서 된 부리를 보고 뭐라고 했나요?
질문 5. 큰부리새의 부리에 누가 그림을 그렸나요?

사건 셋.
모두가 잠든 밤에…

3. 순서대로 재배열하기
📢 **밤에 1.** 탐정님의 전화번호를 듣고 메모지에 써주세요. 작은 숫자부터 순서대로 써야 해요. `65쪽`

이렇게 들려주세요. 탐정님의 전화번호를 불러줄게요. 잘 듣고 메모지에 써보세요. 그런데 순서대로 들려주는 게 아니에요. 숫자를 잘 듣고, 작은 숫자가 앞에, 큰 숫자가 뒤에 오도록 메모지에 적어보세요.

① 2, 9, 5, 6 ② 7, 5, 4, 8 ③ 6, 9, 2, 1 ④ 3, 8, 4, 7 ⑤ 9, 3, 8, 2

도움말. [정답] 2569, 4578, 1269, 3478, 2389

8. 판단하기
📢 **밤에 2.** 탐정님의 이야기를 잘 듣고, 다음과 같이 숫자가 나올 때마다 표시한 다음 세어보세요. `67쪽`

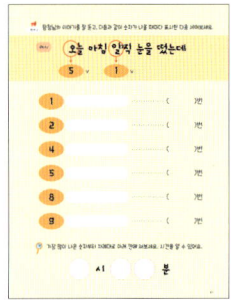

이렇게 들려주세요. ① 오늘 아침 일찍 눈을 떴는데 뭔가 이상하더군. 창문 밖을 보니 오늘따라 너무나도 어두웠어. ② 오! 맙소사! 난 뭔가 심상치 않다는 걸 깨달았지. 태양이 사라졌다고 생각한 거야. ③ 태양이 사라진다면 내가 사랑하는 풀과 과일나무들은 자라지 않을 텐데! 난 몹시 두려웠어. ④ 조심스레 팔을 들어 커튼을 젖혀 보았더니, 비가 엄청나게 오고 있더군. ⑤ 하늘 가득한 까만 구름 때문에 밤처럼 깜깜했던 거야. 껄껄껄. 오랜만에 비가 오니 좋구먼!

도움말. 문제를 잘 이해할 수 있도록 예시를 통해 설명해주세요. 어려워할 때는 숫자와 같은 소리가 나오는 음절(밑줄친 음절)은 강조해서 들려주셔도 좋습니다. 아동이 놓친 부분은 다시 한 번 들려주세요.
[정답] 1 – 두 번, 2 – 세 번, 4 – 네 번, 5 – 여섯 번, 8 – 한 번, 9 – 두 번 / 5시42분

5. 이야기 순서 맞추기
📢 **밤에 3.** 지호가 해야 할 일들을 듣고, 부록 123쪽의 스티커를 순서대로 붙여보세요. `68쪽`

이렇게 들려주세요. ① 수학 문제집 두 장을 풀고 나서, 스케치북에 그림을 그리는 숙제를 해야 해요. ② 참! 수학 문제집을 풀기 전에 문방구에 가서 스케치북하고 색연필을 사야 해요. ③ 문방구에 가기 전에 먼저 우리 집 강아지 밥을 줘야 해요. ④ 그림을 다 그리고 나면 내 방 청소를 해야 해요.

도움말. [정답] 강아지 밥 주기 – 문방구 가기 – 수학 문제집 풀기 – 그림 그리기 – 방 청소하기

6. 지시 따르기
📢 **밤에 4.** 잘 듣고 물건들을 제자리에 놔주세요. 부록 125쪽의 스티커를 붙여주세요. `70쪽`

이렇게 들려주세요. ① 수학 문제집은 책상 오른쪽에 올려놔서 이따가 엄마한테 보여드려야 하고, 그림 그린 건 잘 마를 수 있게 창문 앞쪽에 놔야겠어요. ② 노란색 체크무늬 티셔츠는 침대 위에 올려놔야 하고, 노란색 줄무늬 티셔츠는 방 왼쪽에 있는 빨래통에 넣어야 해요. ③ 외투는 옷걸이에 걸고 가방은 책상 오른쪽에 세워놓을 거예요. 비닐봉지랑 코를 푼 휴지는 방 오른쪽에 있는 휴지통에 버려야 해요. ④ 크레파스는 책상 서랍 두 번째 칸에, 자는 책상 서랍 첫 번째 칸에 넣어야 해요.

6. 지시 따르기

📢 밤에 5. 잘 듣고 엄마, 아빠의 퇴근길을 순서대로 선으로 연결해보세요. `73쪽`

이렇게 들려주세요.
① 엄마 : 응, 지호야. 엄마 가고 있어. 엄마 오늘 퇴근하고 천재 서점에 갔다가 지금 맛나 빵집에 잠깐 들렀어. 가는 길에 하얀 세탁소에 가서 지훈이 형 옷 좀 찾아갈게.
② 아빠 : 어, 지호야. 배고프지? 조금만 기다려. 아빠가 피자 마을에서 피자 사고 가는 길이야. 피자 마을 가기 전에 미래 주유소에 가서 기름을 좀 샀는데 차가 많아서 늦어졌네. 조금만 기다려. 아빠가 황금 마트에서 지호가 좋아하는 바나나랑 우유 사서 얼른 갈게.

도움말. [정답] 엄마: 천재 서점 – 맛나 빵집 – 하얀 세탁소, 아빠: 미래 주유소 – 피자 마을 – 황금 마트

2. 거꾸로 기억하기

📢 밤에 6. 지호네 집 주소를 잘 듣고 탐정님께 전해주세요. `75쪽`

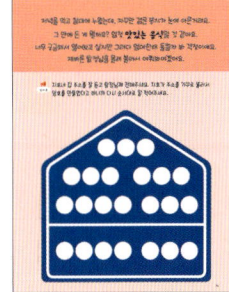

이렇게 들려주세요.
① 시, 쁨, 기   ② 구, 복, 행   ③ 동, 래, 노   ④ 로, 운, 거, 즐
⑤ 8, 9, 4   ⑥ 라, 빌, 람, 바   ⑦ 1, 0, 2

도움말. 선생님의 주소나 센터, 학교 주소 등을 들려주고 거꾸로 말해보게 하거나, 거꾸로 들려준 뒤 순서대로 말해보게 하는 등 추가로 다양한 활동을 할 수 있습니다.
[정답] 기쁨시 행복구 노래동 즐거운로 498, 바람빌라 201

1. 그대로 기억하기+시간 두고 회상하기

📢 엄마, 아빠가 각각 무엇을 사 오셨는지 아까 들었던 내용을 기억해서 떠올려보세요. `77쪽`

도움말. 앞에서 들었던 내용을 기억하게 해주세요. 어려워하면 '엄마가 아까 집에 오기 전에 어디 어디를 들른다고 했었지? 아빠가 뭘 사 온다고 했었지? 엄마가 서점에 간 다음에 어디로 갔더라?'와 같은 질문을 통해 회상을 도와주세요. 또한 아동이 회상을 어려워한다면 엄마, 아빠와의 통화 내용을 다시 들려주셔도 좋습니다.

8. 판단하기

📢 밤에 7. 탐정님과 점원의 대화를 듣고 엄마가 사 온 것이 무엇인지 찾아 동그라미 해보세요. `79쪽`

이렇게 들려주세요.
① 그 빵은 잼을 발라서 먹나요? – 아니요
② 그 빵은 길쭉한 빵인가요? – 아니요
③ 그 빵은 동그란 모양인가요? – 네
④ 그 빵에는 햄과 야채가 들어가나요? – 아니요
⑤ 그 빵은 색깔이 어두운가요? – 아니요

도움말. [정답] 마카롱

6. 지시 따르기

📢 밤에 8. 엄마의 말을 잘 듣고, 부록 127쪽의 스티커를 붙여서 냉장고 안을 완성해주세요. 81쪽

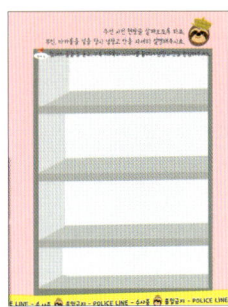

이렇게 들려주세요.

① 첫 번째 칸에는 계란말이가 담긴 접시와 남편이 사 온 과일이 있었어요.
② 두 번째 칸에는 큰아들이 좋아하는 콜라가 두 병 있었고, 커다란 김치통이 있었어요.
③ 그 아래 칸에는 다른 반찬들이 들어 있었죠.
④ 마지막으로 네 번째 칸에는 남편이 아침으로 먹는 방울토마토와 요구르트가 있었는데, 그 사이에다가 제가 마카롱을 담은 비닐봉지를 넣어 두었어요.

6. 지시 따르기

📢 밤에 9. 엄마의 말을 잘 듣고, 부록 129쪽의 스티커와 색연필을 가지고 마카롱을 꾸며주세요. 83쪽

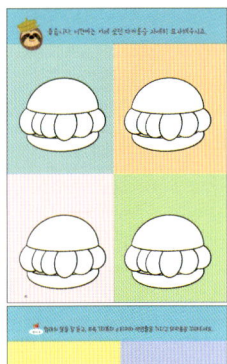

이렇게 들려주세요.

① 마카롱은 모두 여덟 개였어요. 하나는 딸기 맛이었는데, 분홍색 크림에 빵은 하늘색이었어요. 그리고 위에 생딸기가 하나 올려져 있었어요.
② 또 하나는 블루베리 맛이었어요. 전체가 보라색이었고 크림 부분에는 블루베리가 통으로 잔뜩 들어 있었죠. 제일 위에는 사탕이 올려져 있었어요.
③ 초콜릿 맛 마카롱도 있었는데 빵부터 크림까지 온통 초콜릿색이었고, 크림에는 하얀색 마시멜로가 여러 개 박혀 있었어요. 위에는 네모난 초콜릿이 올려져 있었어요.
④ 또 하나는 위의 빵은 파란색, 아래 빵은 초록색, 가운데 크림은 노란색인 마카롱이었어요. 제일 위에 생크림 장식이 올라가 있었어요.
⑤ 바나나 맛 마카롱도 있었어요. 위아래 빵 모두 노란색이었고, 가운데 크림은 노란색과 주황색이 섞여 있었어요. 맨 위에 바나나가 한 조각 있었어요.
⑥ 빵은 연두색, 크림은 초콜릿 색인 마카롱이 있었는데, 바로 제가 제일 좋아하는 민트 초콜릿 맛 마카롱이었어요. 민트 초콜릿 마카롱 위에는 나뭇잎 장식이 올려져 있었어요.
⑦ 맨 위에 오렌지가 올라가 있는 마카롱은 오렌지 맛 마카롱이었어요. 위아래 빵은 주황색이었고, 크림은 분홍색이었어요.
⑧ 마지막 하나는 체리 맛 마카롱이었는데, 위의 빵은 분홍색, 가운데 크림은 빨간색, 아래 빵은 보라색인 마카롱이었어요. 제일 위에 체리 두 알이 올려져 있었어요.

도움말. 마카롱의 모양과 색을 더 복잡하게 하거나 더 간단하게 바꾸어 들려주셔도 좋습니다.

4. 세부내용 기억하기

📢 밤에 10. 세 사람의 진술을 잘 듣고, 탐정님 수첩에 잘못 적힌 부분을 찾아서 동그라미 해보세요. 85쪽

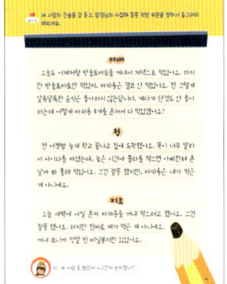

이렇게 들려주세요.

① 아빠가 말했어요. "오늘도 평소처럼 방울토마토를 꺼내서 <u>아침</u>으로 먹었어요. 하지만 방울토마토만 먹었지, 마카롱은 <u>절대</u> 안 먹었어요. 전 그렇게 알록달록한 음식은 좋아하지 않는답니다. 그리고 단것도 안 좋아하는데 어떻게 마카롱 여덟 개를 혼자서 다 먹었겠어요?"
② 형이 말했어요. "전 어젯밤 늦게 <u>학원</u> 끝나고 집에 도착했어요. 목이 너무 말라서 <u>콜라</u>를 마셨는데, 늦은 시간에 콜라를 먹으면 <u>엄마</u>한테 혼날까 봐 몰래 먹었어요. 그건 잘못 했지만, 마카롱은 <u>제가</u> 먹은 게 아니에요."
③ 지호가 말했어요. "오늘 <u>아침</u>에 사실 <u>몰래</u> 마카롱을 꺼내 먹으려고 했어요. 그건 잘못 했어요. 하지만 정말로 제가 먹은 게 아니에요. 꺼내 보니까 정말 빈 <u>껍질</u>만 있었어요."

사건 넷.
사라진 친구를 찾아라!

13. 음운 인식하기
친구 1. 잘 듣고 친구들 이름에서 어떤 글자를 따왔는지 찾아서 아래 칸에 적어보세요. 93쪽

이렇게 들려주세요.
① 첫 번째 친구는 이슬찬. 이 이름의 두 번째 글자는 무엇인가요?
② 두 번째 친구는 기유리. 이 이름의 첫 번째 글자는 무엇인가요?
③ 세 번째 친구는 주로하. 이 이름의 두 번째 글자는 무엇인가요?
④ 네 번째 친구는 김지운. 이 이름의 세 번째 글자는 무엇인가요?

도움말. [정답] 슬기로운 탐정단

12. 듣기 게임 - 수수께끼
친구 2. 지운이가 내는 수수께끼를 잘 듣고 친구들과 대결해보세요. 95쪽

이렇게 들려주세요.
첫 번째 문제. ① 이건 얼굴이 여섯 개이고, 눈은 21개야.
② 이건 깍두기 모양이랑 비슷하게 생겼어.
③ 이건 데굴데굴 굴러가고 게임을 할 때 써.
두 번째 문제. ① 다리가 네 개 있는데 걷지는 못하는 다리는?
② 이건 길쭉하고 나무로 만들어졌지.
③ 높은 곳에 올라갈 때 이게 필요해.
세 번째 문제. ① 오래 살수록 많아지는 살은 뭘까?
② 우리 아빠도 얼굴에 이게 생겼어.
③ 나이가 들면서 피부에 작은 줄이 생기는 걸 말해.

도움말. [정답] ① 주사위 ② 사다리 ③ 주름살

8. 판단하기
친구 3. 유리의 말을 잘 듣고 로하의 자리를 찾아서 부록 129쪽의 수첩 스티커를 붙여주세요. 97쪽

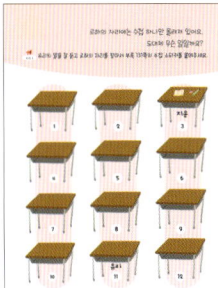

이렇게 들려주세요.
① 슬찬이와 로하 자리는 지운이보다는 뒤고, 유리보다는 앞이야.
② 지운이네 줄에 슬기로운 탐정단 친구 자리는 없어.
③ 슬찬이와 로하 자리는 서로 대각선이 되는 위치야.
④ 유리 바로 앞자리는 슬기로운 탐정단 자리가 아니야.
⑤ 슬찬이네 줄에 슬기로운 탐정단 친구 자리는 없어.

도움말. 두 번째 문장까지 들었을 때, 슬찬이와 로하의 자리는 4,5,7,8번 중 하나가 됩니다. 서로 대각선이 되는 자리인데 유리 바로 앞자리는 아니므로, 5,7번이 후보가 됩니다. 마지막 문장에서 슬찬이네 줄에는 슬기로운 탐정단 친구 자리가 없다고 했으므로 유리와 같은 줄이 아닌 7번이 슬찬이의 자리가 됩니다. 따라서 로하의 자리는 슬찬이의 대각선에 위치한 5번입니다.

[정답] 5번

2. 거꾸로 기억하기

친구 4. 잘 듣고 거꾸로 다시 말해본 다음 동그라미 안에 적어보세요.   99쪽

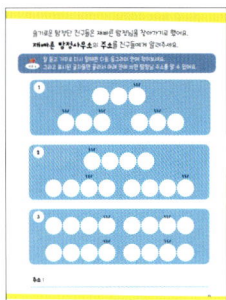

이렇게 들려주세요.
① 무, 나, 소 / 개, 우, 지 / 기, 산, 계
② 선, 풍, 양, 하 / 보, 늘, 무, 나 / 길, 막, 르, 오
③ 톱, 기, 레, 쓰 / 라, 나, 리, 우 / 무, 나, 풍, 단 / 게, 집, 래, 빨

도움말. [정답] ① 무지개산 ② 하늘길 ③ 통나무집

8. 판단하기

친구 5. 친구들이 가지고 있는 돈이 얼마인지 잘 듣고 알아내 보세요.   100쪽

이렇게 들려주세요.
① 유리는 천 원짜리 지폐 한 장을 가지고 있어요.
② 슬찬이는 천 원짜리 지폐 두 장을 가지고 있어요.
③ 지운이는 오백 원짜리 동전 한 개와 백 원짜리 동전 2개를 가지고 있어요.

도움말. [정답] 유리: 1,000원, 슬찬이: 2,000원, 지운이: 700원 / 총 3,700원

8. 판단하기

친구 6. 잘 듣고 물건의 가격표를 완성해보세요.   101쪽

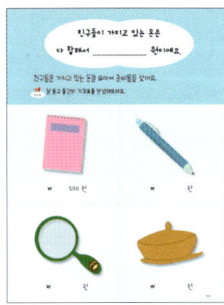

이렇게 들려주세요.
① 수첩과 볼펜을 합하면 천 원이에요.
② 돋보기와 볼펜을 합하면 천 오백 원이에요.
③ 돋보기, 수첩, 볼펜, 탐정 모자를 다 사면 백 원이 남아요.

도움말. [정답] 수첩 500원, 볼펜 500원, 돋보기 1,000원, 탐정 모자 1,600원

8. 판단하기

친구 7. 탐정님이 불러주는 로하의 메시지를 잘 듣고 로하네 집이 몇 동인지 맞혀보세요.   103쪽

이렇게 들려주세요.
① 2에서 3을 더하고, 거기에 4를 더하면 무엇인가? 답을 첫 번째 빈칸에 써보게.
② 7에서 3을 빼고, 다시 3을 빼면 무엇인가? 답을 두 번째 빈칸에 써보게.
③ 3에서 4를 더하고, 거기서 5를 빼면 무엇인가? 그게 바로 마지막 칸의 답일세.

도움말. [정답] 912동

13. 음운 인식하기
친구 8. 이번에는 탐정님이 불러주는 단어들을 잘 듣고 받침소리를 찾아서 써보세요. 104쪽

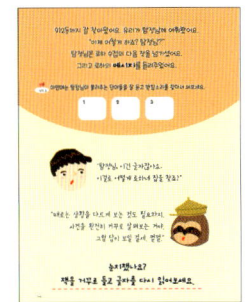

이렇게 들려주세요.
① 길, 팔, 줄
② 콩, 방, 똥
③ 산, 돈, 문

도움말. [정답] ㄹ ㅇ ㄴ, 책을 거꾸로 들어서 뒤집어 보면 숫자 702. 따라서 '702'호가 됩니다.

4. 세부내용 기억하기
친구 9. 목격자들의 말을 잘 듣고, 탐정님 수첩의 빈칸을 채워보세요. 107쪽

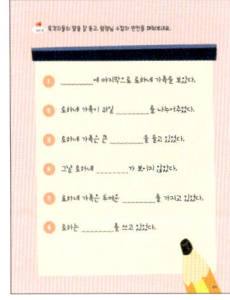

이렇게 들려주세요.
① 아랫집 아주머니가 말했어요. "그날이 토요일이었지? 점심 때쯤 내가 만든 부침개를 나눠주려고 윗집에 갔는데 웬일인지 그날은 강아지가 짖지를 않더라고. 커다란 가방이 문 앞에 여러 개 있어서 안으로 들어가기가 힘들었어. 부침개를 전해줬더니 로하네 엄마가 키위를 줬어."
② 옆집 아저씨가 말했어요. "토요일 오후에 집 앞에서 로하네 가족을 만났어. 이 더운 날씨에 두꺼운 점퍼를 들고 큰 가방을 가지고 가더군. 강아지도 항상 같이 다니는데 그날은 가족들만 있더라고. 뭔가 이상하다고 느꼈지만, 그냥 인사만 나누었지."
③ 경비원 아저씨가 말했어요. "아, 금요일에 어떤 아주머니가 702호 강아지랑 비슷하게 생긴 강아지를 안고 가는 걸 봤거든. 그런데 그다음 날 702호 가족들이 커다란 가방을 들고 웃으면서 지나가는 걸 봤지. 로하는 덥지도 않은지 털모자를 쓰고 있었어. 그때 보니까 강아지는 없었어."

도움말. [정답] ① 토요일 ② 키위 ③ 가방 ④ 강아지 ⑤ 점퍼 ⑥ 털모자

6. 지시 따르기
친구 10. 경비원 아저씨의 말씀을 잘 듣고 아주머니의 몽타주를 완성해주세요. 108쪽

이렇게 들려주세요. ① 그 사람은 어깨 정도 오는 길이의 파마머리를 하고 있었는데, 파란색으로 염색을 했기 때문에 아주 눈에 띄었어. ② 짙은 눈썹에 두 눈은 큰 편이었고, 눈 사이가 멀었어. ③ 귀에는 하트 모양 귀걸이를 하고 있었고, 코는 오똑한 편이었지. ④ 입술이 두꺼웠고 왼쪽 입술 옆에 큰 점이 있더군.

12. 듣기 게임 – 낱말퍼즐
친구 11. 잘 듣고 낱말 퍼즐을 풀어서 로하가 남긴 메시지를 완성해보세요. 111쪽

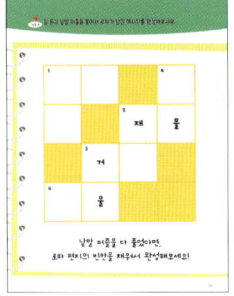

이렇게 들려주세요.
① 가로1. 돌아다니면서 구경하기 위해 다른 고장이나 다른 나라에 가는 일.
② 세로1. 낮이 길고 더운 계절. 사계절 중 두 번째 계절로 봄과 가을의 사이.
③ 세로2. 즐거운 기분이나 느낌.
④ 가로4. 낮이 짧고 추운 계절. 사계절 중 네 번째 계절로 가을과 봄의 사이.
⑤ 세로4. 다른 사람에게 어떤 물건을 주는 일. 또는 그 물건을 말함.

도움말. [정답] 여행/여름/재미/겨울/선물

어린이 도서 전문 출판사 예꿈을 소개합니다!

도서 소개

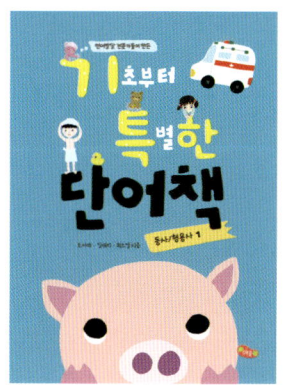
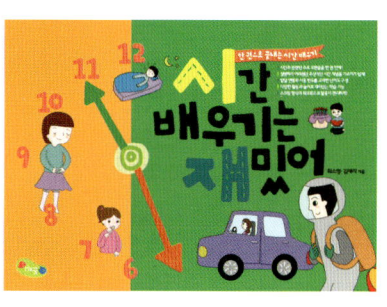

저자 소개

최소영
이화여자대학교 언어병리학 석사.
언어재활사협회 정회원.
1급 언어재활사.

김재리
이화여자대학교 언어병리학 석사.
언어재활사협회 정회원.
1급 언어재활사.

추 천 서

- 탐정 조수로서 사건을 해결하는 흥미로운 형식
- 상상력을 자극하는 엉뚱 발랄한 사건들
- 듣기 연습과 사건 해결을 함께! 성취감 UP!
- 유튜브 음성을 들으면서 혼자서도 재미있게!
- 난이도별 음성 제공
- 스티커, 선 긋기 등 재미있는 활동이 가득!

위와 같은 이유로 이 책을 추천합니다.

재빠른 탐정사무소
탐정 재빠른